继续
教育

继续(网络)教育系列规划教材
荣获全国高校现代远程教育协作组评比 "网络教育教材建设金奖"

网络金融学

WANGLUO JINRONGXUE

蒲丽娟　张　瑶　主编

西南财经大学出版社
Southwestern University of Finance &
Economics Press

中国·成都

图书在版编目(CIP)数据

网络金融学/蒲丽娟,张瑶主编.—成都:西南财经大学出版社,2017.9
(2018.7 重印)
ISBN 978 - 7 - 5504 - 3173 - 7

Ⅰ.①网… Ⅱ.①蒲…②张… Ⅲ.①金融网络 Ⅳ.①F830.49

中国版本图书馆 CIP 数据核字(2017)第 195387 号

网络金融学

蒲丽娟　　张瑶　　主编

责任编辑:冯梅

责任校对:陈何真璐

封面设计:穆志坚　张姗姗

责任印制:朱曼丽

出版发行	西南财经大学出版社(四川省成都市光华村街55号)
网　　址	http://www.bookcj.com
电子邮件	bookcj@ foxmail.com
邮政编码	610074
电　　话	028 - 87353785　87352368
照　　排	四川胜翔数码印务设计有限公司
印　　刷	四川五洲彩印有限责任公司
成品尺寸	185mm × 260mm
印　　张	8
字　　数	170 千字
版　　次	2017 年 9 月第 1 版
印　　次	2018 年 7 月第 3 次印刷
印　　数	3001— 5000 册
书　　号	ISBN 978 - 7 - 5504 - 3173 - 7
定　　价	25.00 元

继续（网络）教育系列规划教材
编审委员会

总 序

随着全民终身学习型社会的逐渐建立和完善，业余继续（网络）学历教育学生对教材质量的要求越来越高。为了进一步提高继续（网络）教育的人才培养质量，帮助学生更好地学习，依据西南财经大学继续（网络）教育人才培养目标、成人学习的特点及规律，西南财经大学继续（网络）教育学院和西南财经大学出版社共同规划，依托学校各专业学院的骨干教师资源，致力于开发适合继续（网络）学历教育学生的高质量优秀系列规划教材。

西南财经大学继续（网络）教育学院和西南财经大学出版社按照继续（网络）教育人才培养方案，编写了专科及专升本公共基础课、专业基础课、专业主干课和部分选修课教材，以完善继续（网络）教育教材体系。

本系列教材的读者主要是在职人员，他们具有一定的社会实践经验和理论知识，个性化学习诉求突出，学习针对性强，学习目的明确。因此，本系列教材的编写突出了基础性、职业性、实践性及综合性。教材体系和内容结构具有新颖、实用、简明、易懂等特点，对重点、难点问题的阐述深入浅出、形象直观，对定理和概念的论述简明扼要。

为了编好本套系列规划教材，在学校领导、出版社和各学院的大力支持下，成立了由学校副校长、博士生导师杨丹教授任主任，博士生导师冯建教授以及继续（网络）教育学院陈顺刚院长和唐旭辉研究员任副主任，其他部分学院领导参加的编审委员会。在编审委员会的协调、组织下，经过广泛深入的调查研究，制定了我校继续（网络）教育教材建设规划，明确了建设目标。

在编审委员会的协调下，组织各学院具有丰富继续（网络）教育教学经验并有教授或副教授职称的教师担任主编，由各书主编组织成立教材编写团队，确定教材编写大纲、实施计划及人员分工等，经编审委员会审核每门教材的编写大纲后再进行编写。自2009年启动以来，经几年的打造，现已出版了七十余种教材。该系列教材出版后，社会反响较好，获得了教育部网络教育教材建设评比金奖。

下一步根据教学需要，我们还将做两件事：一是结合转变教学与学习范式，按照理念先进、特色鲜明、立体化建设、模块新颖的要求，引进先进的教材编写模块来修订、完善已出版的教材；二是补充部分新教材。

希望经多方努力，将此系列教材打造成适应教学范式转变的高水平教材。在此，我们对各学院领导的大力支持、各位作者的辛勤劳动以及西南财经大学出版社的鼎力相助表示衷心的感谢！在今后教材的使用过程中，我们将听取各方面的意见，不断修订、完善教材，使之发挥更大的作用。

西南财经大学继续（网络）教育学院

前　言

　　伴随着计算机和互联网通信技术的快速发展，现代金融和网络技术融合发展，形成了网络金融。网络金融是传统金融与现代信息网络技术紧密结合而形成的一种新的金融形态，是网络技术革命推动下所发生的最重要的经济变革之一，是未来金融业的发展方向。网络金融学以网络金融为主要研究对象，涵盖了现代金融业的各个课题，包含电子货币、电子支付、网络银行、网络证券、网络保险、网络期货、风险与监管，探讨其发展历程、特点和挑战。网络金融学不仅具有前沿的理论研究价值，同时对现实的金融活动也有巨大的指导意义。

　　本书以网络金融学的不同课题为划分标准，阐述其发展历程、基本理论、业务模式以及带来的影响和挑战，力图简洁、清晰地展现网络金融学的基础内容，希望起到抛砖引玉的作用。

编者

2017 年 8 月

目 录

第 1 章　网络金融学导论

1.1　网络金融的兴起

1.1.1　网络经济与电子商务

1.1.1.1　网络经济

网络经济作为一种新的经济形态，不仅仅指以计算机网络为核心的一种新行业经济，或因此而衍生的一些相关行业，还包括以经济全球化为背景，以现代电子信息技术为基础，以国际互联网为载体，以电子商务为主导，以中介服务为保障，以人力资源为核心，以不断创新为特点，实现信息、资金和物资的流动，促进整个经济持续增长的全新的社会经济活动和社会经济发展形态。

网络经济的核心资源是信息，网络正是信息成为核心经济资源的基础设施。计算机网络在时间和空间上的无限性和自由性为信息的获取、加工和传递提供了最大的便利，从这一角度来看，网络经济是信息经济。而网络经济的关键运作是服务，包括金融服务。所以网络经济当前的主导行业是信息产业和服务业，包括金融业。随着网络的发展，它将渗透到各个行业，最终或许找不到一个与网络没有关系的行业。因此，网络经济是信息经济和服务经济两者的合一。

网络经济作为一种全新的经济形态，正在形成过程之中，目前来说还是一种趋势经济，还没有成为现实世界的主流经济。但从网络经济的发展现状来看，网络经济的一些特征已显现出来，主要表现为成本优势、规模经济、知识经济、虚拟的数字化经济、风险经济和全球化等。从以上网络经济的特征可以看出，网络经济的实质是通过不断进步的技术创新手段，连接全球的生产、分配、交换和消费网络，改变生产要素的组合方式，降低交易成本，促进结构调整和生产率提高，逐步实现以信息科技进步为主要推动力的经济增长方式。要实现这个目的，以市场开放和体制改革为核心的经济治理就变得十分重要。而作为现代经济核心的金融业和社会资金运动中枢的银行业是国家的综合性管理部门，是政府实施宏观调控职能的重要执行和传递部门，因此，在网络经济条件下金融治理就显得更为重要。

1.1.1.2　电子商务

电子商务是指利用计算机和互联网通信技术，在电子空间所进行的各种商业贸易活动，包括消费者的网络购物、商户之间的网络交易和在线电子支付以及各种相关的商务活动、交易活动、金融活动和服务活动，是网络时代的一种新型商业运营模式。电子商务一般可分为企业对企业（business-to-business）、企业对消费者（business-to-customer）和消费者对消费者（customer-to-customer）这三种模式。

电子商务将传统的商务流程电子化、数字化，大量减少了传统商务流程中的人力、物力投入，降低了交易成本。电子商务在网络空间中运行，使得交易活动超越了时间和空间的限制。电子商务重新定义了传统的流通模式，在多个产业减少或消除了中间环节，使得大量在传统商务模式下不可能进行直接交易的供需方成为可能，从而在一定程度上改变了整个社会经济运行的方式。正是由于其所拥有的诸多优势，电子商务在近年来飞速发展壮大，并深刻地影响了全球商务的发展格局。

随着互联网使用人数的增加，电子商务网站层出不穷，电子商务的市场份额也在全球各地迅速增长。尽管电子商务目前在整个经济中所占的比重还不大，但增速超快，已达到两位数字增长。例如，在美国涌现出了一批诸如亚马逊书城、戴尔等著名的电子商务公司，在我国，诸如阿里巴巴、腾讯商城、京东商城等也取得了令人瞩目的市场份额和利润。

电子商务的发展为金融业带来了新的发展机遇。例如，作为电子商务的一个重要环节，电子支付负责电子商务交易中的资金流动，最终须由金融业来执行。尽管传统金融中也处理各种交易行为中的资金支付和结算，但电子商务对此提出了更新、更高的要求。电子商务的支付和结算要求是实时性、电子化、网络化的，而这也将推动金融业提供任何时间（anytime）、任何地点（anywhere）、任何形式（anyhow）的3A服务。包含电子支付在内的网络金融是电子商务得以实施的必要条件，同时电子商务也推动了网络金融的进一步发展。

1.1.2　网络金融兴起的必然性

网络经济的发展为金融业提供了新的服务领域和服务方式，由于金融交易实际就是无形的信息流的交流，不涉及有形的、高成本的物流配送系统；金融交易有很强的时效性；金融交易的网络化将为网络经济提供便捷的支付方式，促使网络经济的发展，因而电子商务在金融领域是最有用武之地的。网络金融的发展是网络经济和电子商务发展的内在规律所决定的，有其必然性，表现在以下三方面。

第一，网络金融是电子商务体系中必不可少的一环。完整的电子商务活动一般包括商务信息、资金支付和商品配送三个阶段，表现为信息流、物流和资金流三个方面。银行能够在网络提供电子支付服务是电子商务中最关键的要素和最高层次，起着联结买卖双方的纽带作用。可见，网络金融将是未来金融业的主要运行模式。这种转变是必然的，因为电子商务开创了一个新的经济环境，这种新的环境需要金融业的积极参与才能很好地发展，同时金融业只有适应这一环境的变化才能获得在未来电子化社会中生存和发展的机会。

第二，电子商务的发展改变了金融市场的竞争格局，从而促使金融业走向网络化。电子商务使网络交易摆脱了时间和空间的限制，获取信息的成本比传统商务运行方式大大降低，表现在金融市场上就是直接融资的活动比以前大大增加，金融的资金中介作用被削弱。电子商务的出现动摇了传统金融行为在价值链中的地位，使传统金融机构失去了在市场竞争中所具有的信息优势。

第三，降低成本使网络金融产生巨大的吸引力。建立起一个金融网站，可以做到每天应对数以万计的用户查询和交易业务而不降低服务质量，同时使交易成本大大降低。电子商务的发展使金融机构大大降低了经营成本，提高了经营效率，这是网络金融得以出现并迅速发展的主要原因。

1.2 网络金融的概念及性质

1.2.1 网络金融的概念

网络金融，又称互联网金融，是计算机网络通信技术和金融的有机结合，是以计算机通信网络为支撑的各项金融活动、制度和行为的总称，包括电子货币、电子支付、网络银行、网络证券、网络保险、网络期货以及网络金融安全、管理和政策等内容。网络金融是传统金融与现代信息网络技术紧密结合而形成的一种新的金融形态，是网络技术革命推动下所发生的最重要的经济变革之一。

1.2.2 网络金融的内容

网络金融的内容是网络金融活动所涉及的业务和涵盖的领域，从其所包含的范围来看，可以分为狭义的和广义的网络金融。从狭义上来说，网络金融是金融与网络技术相结合的产物，包括网络银行、网络证券、网络保险、网络期货、网络支付与结算等相关的金融业务内容。从广义上来说，网络金融就是以网络技术为支撑，在全球范围内的所有金融活动的总称，它不仅包括狭义的内容，还包括网络金融安全、网络金融监管等诸多方面。网络经济时代对金融服务的要求可以简单概括为：在任何时间、任何地点、以任何方式（3A）提供全方位的金融服务。显然，这种要求只能在网络上实现，而且这种服务需求也迫使传统金融业的大规模调整，主要表现在更大范围内、更高程度上运用和依托网络拓展金融业务，而且这种金融业务必须是全方位的，覆盖银行、证券、保险、理财等各个领域的"大金融"服务。目前网络金融服务的主要内容包括网络银行、网络证券、网络保险三个方面。

1.2.2.1 网络银行

网络银行就是利用计算机和互联网技术，为客户提供综合、适时的全方位银行服务，相对于传统银行而言，它是一种全新的银行服务手段或全新的企业组织形式。其特征主要有三个。第一，依托互联网技术是网络银行与传统银行的根本区别。传统意义上的银行虽然也利用计算机和网络技术，但一般都是封闭的、旨在改进银行内部业务管理的单机系统、局域网系统，以及专用的广域网系统。第二，因为利用互联网技术，网络银行为客户提供的服务可以超越时间与空间的限制。第三，网络银行不需要在各地区设立庞大的物理分支机构来维持或拓展业务，这使网络银行的分销渠道、企业组织和人力资源构成等都与传统银行不同。

1.2.2.2 网络证券

与网络银行类似，网络保险是指保险公司以互联网和电子商务技术为工具来支持保险经营活动的经济行为。与传统保险业相比，具有虚拟性、直接性、时效性三个特性。第一，虚拟性，开展网络保险不需要具体的建筑物和地址，只需要申请一个网址，建立一个服务器，一切金融往来都是以数字形式在网络上得以进行。第二，直接性，客户可以主动选择和实现自己的投保意愿，并可以在多家保险公司及多种产品中实现多样化的比较和选择。第三，时效性，网络使得保险公司随时可以准确、迅速地为客户提供所需的资料，客户也可以方便、快捷地访问保险公司的客户服务系统，实现实时互动。

1.2.2.3 网络保险

网络证券交易通常是指券商或证券公司利用互联网等网络信息技术，为投资者提供证券交易所的实时报价、查找各类与投资者相关的金融信息、分析市场行情等服务，并通过互联网帮助投资者进行网络的开户、委托、支付、交割和清算等证券交易的全过程。它使实时证券交易活动得以实现。

1.2.3 网络金融的特点

与传统金融相比，网络金融具有一些独有的特点，可以归纳为网络化和虚拟化、高效性和经济性、透明化和非中介化。

1.2.3.1 网络化和虚拟化

网络金融体现了网络化与虚拟化特点。从本质上说，金融市场是一个信息市场。在这个市场中，生产和流通的都是信息：货币是财富的信息，价格是资产价值的信息，金融机构所提供的中介服务、金融咨询顾问服务等也是信息。网络金融借助互联网通信技术，为传统金融引入了更符合其信息特性的网络化运作。信息的网络化流通，相比传统的流通方式更高效、快捷，大大提升了金融的运作水平。同时，网络金融也虚拟化了金融的实务运作。

1.2.3.2 高效性和经济性

网络金融的运行具有高效性与经济性。与传统金融相比，网络金融借助于网络技术的应用，创新性地变革了金融信息和业务处理的方式，大大提高了金融系统化和自动化程度，突破了时间和空间的限制，从而有能力为客户提供更丰富多样、主动灵活、方便快捷的金融服务，大幅度地提升了服务和运营水平，既提高了效率，又降低了成本。

1.2.3.3 透明化和非中介化

网络金融的信息流动和交易具有透明化和非中介化特征。网络金融的出现极大地提高了金融市场的透明度。网络技术的发展使得金融机构能够快速高效地处理和传递大规模信息，从而向客户提供更多的产品信息和服务信息。同时，信息的网络传递不是单向的，而是多向的交互式的传递。整个市场由于信息的顺畅传递而显现出透明化的趋势。此外，网络技术的广泛应用使得金融机构和客户更有可能绕过传统中介进行直接交易。金融市场中供求双方可以通过网络直接接触、交流和交易，中介的作用在很大程度上被削弱，非中介化也是网络金融的另一个趋势和特性。

1.2.4　网络金融的影响

网络金融的产生和发展，改变了传统金融的组织形式和运作模式，对整个金融业产生了极为深刻的影响，大致可以分为对金融机构、对中央银行和对金融监管三方面的影响。

1.2.4.1　网络金融对金融机构的影响

网络金融对金融机构的运行与经营管理产生了显著的影响。网络金融的网络化运行机制使得金融机构能为客户提供更高效率、更好质量、更大范围的金融服务。例如，网络银行相比于银行柜台、柜员机及电话银行，提供了更为灵活多样的服务。网络金融使得金融机构可以突破经营场所和人力资源等因素的制约，高效率地服务于更多客户。客户在任何有互联网网络的地点登录网络银行，无须等待即可办理查询、转账、交易、投资等各项业务。客户不受物理地址的限制，不必亲自到银行营业点，也不受营业时间的限制，可以方便、快捷地得到全天候的服务。

网络金融帮助金融机构大幅度地降低了营运成本和服务费用。金融网络化可以大幅度降低金融机构的经营成本。尤其是网络银行，其具有市场覆盖面广和经常性支出少的绝对优势，它代表了未来银行的发展方向。据调查，网络银行的经营成本仅占其经营收入的15%~20%，而相比之下，传统银行经营成本占其经营收入的60%以上。

网络金融也使得不同金融机构之间、金融机构和非金融机构之间的界限越发趋于模糊，金融非中介化加剧。网络经济的发展使得金融机构能够快速地处理和传递大规模的信息，原来体制下严格的专业分工将经受强烈的冲击，各种金融机构提供的服务日趋类似。同时，非金融机构同样也有实力提供高效便捷的金融服务。大的网络公司，国外如 Yahoo、AOL 及微软，国内如阿里巴巴、腾讯及百度等，也纷纷借助已有的网络优势进入金融领域，蚕食传统的金融业务并挖掘新的金融业务。传统金融企业的竞争对手今非昔比，金融与非金融的差别日益模糊。

更为重要的是，网络金融促进了金融机构持续的创新。在传统金融机制下，金融机构更多地以资金为筹码、以规模为杠杆建立并巩固竞争优势。但在网络金融体系中，金融产品更新换代速度加快，金融产品的生命周期大大缩短，这使得创新的作用凸现，不断创新才是赢得竞争优势的重要手段。信息网络技术的迅猛发展对金融创新提出了更高的要求。例如，摩尔定律指出，自从 20 世纪 60 年代以来，计算机芯片的功能每18 个月翻一番，而价格以减半的速度下降。这样日新月异的技术进步要求金融机构不仅要精于业务创新，还要关注技术更新，充分利用新技术带来的业务创造机遇，只有这样才能在竞争中立于不败之地。

1.2.4.2 网络金融对中央银行的影响

网络金融的发展对中央银行的职能和货币政策执行也产生了深远的影响。与传统货币相比，电子货币是一种具有"内在价值"的"竞争性"的货币。传统的货币本身不具有"内在价值"，由中央银行或货币当局统一供给。而到目前为止，尚未有任何一家中央银行垄断电子货币的发行权。许多银行甚至非金融机构承担了电子货币的发行任务，而消费者可以自主选择购买或使用哪种电子货币。正因如此，电子货币是一种高效的流通手段，却缺乏传统货币所具有的价值尺度和储藏手段职能。

电子货币带来了不同的货币供给机制，冲击了传统的货币供给机制。在网络金融中，出现了电子货币的供给和中央银行货币的供给这两种不同的货币供给机制，它们相互区别、相互影响，共同构成了网络金融下的货币供给体系。在电子货币存在的情况下，社会货币供给总量包括三部分，即中央银行货币供给量、电子货币供给量和重复计算的修正量。电子货币的出现将直接影响中央银行发行基础货币的数量，并通过货币乘数对货币供应量产生巨大影响。同时，电子货币通过作用于货币的流通速度、需求动机及利率水平等几个因素，对社会货币需求产生了深远的影响。随着网络金融的不断发展和电子货币的普及，如何建立合理而有效的货币政策成为央行和金融机构要面临的一个重大难题。

1.2.4.3 网络金融对金融监管的影响

网络金融的发展使金融监管制度面临新的挑战。网络金融在运行过程中不仅存在传统金融中的一般风险，还面临着一些特殊风险。其中，一般风险包括流动性风险、市场风险、信用风险、操作风险等；特殊风险则包括技术风险、业务风险和法律风险等。同时，网络金融下的金融体系整体脆弱性增强，金融体系出现新的信息不对称，各种风险被放大。这些都增加了金融监管的难度，网络金融监管的相关法规体系亟待完善。因此，在这样的背景下，为了防范和化解各种金融风险，避免金融市场的动荡，维护金融体系的稳定，需要对网络金融监管的目标和原则做动态适时的调整，对监管的内容和手段做不断的补充和更新，跨地域的国际协调与合作显得至关重要。

1.3 网络金融的发展状况

1.3.1 网络金融的发展阶段

自信息技术应用于金融业开始，网络金融的发展大致经历了四个阶段：辅助传统金融阶段、金融电子化阶段、网络金融初步发展阶段、网络金融全面发展阶段。

1.3.1.1 辅助传统金融阶段

传统金融业主要采用手工操作和经验来进行管理。从 20 世纪 50 年代到 80 年代中期，计算机开始应用于金融业务的处理和管理，如记账、结算等环节和银行管理中的分析、决策等环节，都是用计算机系统作为辅助手段。20 世纪 60 年代开始，计算机在金融行业的应用从单机处理时代发展到联机系统，使单个金融机构内部能够处理存、贷、汇等联机业务，不同金融机构之间实现通存通兑等跨行业务。进入 20 世纪 80 年代以后，出现了水平式金融信息传输网络和电子资金转账系统等，金融业务的处理效率和管理质量都得到了显著的提高。

1.3.1.2　金融电子化阶段

20 世纪 80 年代后期到 90 年代中期，随着个人计算机、银行卡、电子货币的普及，作为金融业主体的银行逐渐实现了电子化。各家银行陆续推出了以自助方式为主的 PC 银行、自动柜员机、销售终端系统、企业银行、家庭银行等电子金融服务方式。随着这些服务方式的普及和功能的多样化，金融服务已经脱离了传统的手工操作，进入了全面电子化的阶段。

1.3.1.3　网络金融初步发展阶段

作为金融电子化的排头兵，银行是最先进入网络化阶段的金融机构。1995 年 10 月 18 日（即"电子银行环保日"），美国 Area Bank 股份公司、Wachovia 银行公司、Hunting Bancshares 股份公司、Secureware 和 Five Space 计算机公司联合在 Internet 上成立全球第一家无任何分支机构的纯网络银行（也称为"虚拟银行"，即没有营业网点、没有柜台、没有 ATM、看不到现金、完全依赖于互联网），即美国安全第一网络银行 SFNB（Security First Network Bank）。该网络银行是得到美国联邦银行管理机构批准成立的全球第一家无任何分支机构、在因特网上提供大范围和多种银行金融服务的纯网络银行，它的成立预示着互联网金融迈入迅速发展的阶段。继在北美和欧洲兴起后，网络金融在包括日本、新加坡、中国香港、中国台湾等在内的亚太国家与地区也逐渐兴起，网络金融在全球范围内进入了初步发展的阶段。

1.3.1.4　网络金融全面发展阶段

进入 21 世纪，随着网络技术的优化普及以及金融机构和大众对网络金融这种新型金融形式认同度的提高，网络金融进入了全面发展阶段。银行、证券、保险、期货等金融业务纷纷进入了网络化、虚拟化发展的阶段。各类金融机构网站、金融中介网站及金融超市网站层出不穷。网络金融不再是纯粹的网络业务，而成为金融业务与网络技术无缝结合的产物，传统金融机构与网络金融机构所提供的产品与服务的差异性逐渐缩小，传统金融业务全面网络化，网络金融不再孤立于传统金融业之外，两者逐渐融为一体。

1.3.2　我国网络金融的发展现状

1.3.2.1　我国网络金融的发展模式

（一）传统金融服务互联网化

随着经济的发展和互联网科技的进步，中国经济不断走向信息化，金融业电子化伴随着大数据、云计算等新兴技术的发展也取得了迅猛的发展。市场上具体可以表现为银行、保险、券商以及部分小额贷款公司业务线上化。通过互联网将传统金融服务，由线下转为线上，摆脱了时间和空间的限制，极大地降低了交易成本和时间成本，提升服务质量。

（二）新兴金融业务

1. 互联网理财产品

互联网理财产品的产生源自于消费者短期，小额资金的理财需求。企业通过互联网平台推出收益率较高的理财产品，吸引消费者投资。如天弘基金与阿里旗下第三方支付平台支付宝合作的理财产品余额宝，年化收益较高，且购买赎回利用 APP 即可处理，简便快捷，从上线至今已吸纳了过亿用户，超千亿元资金。微信、百度、京东等也推出不同理财产品，融集了大量资金。

2. 虚拟货币

互联网虚拟货币指具有多元化的发行机构在互联网系统实现流通与支付功能的虚拟货币。其交易成本低，形式多样化，主要用于网络游戏、网络购物等，如腾讯公司的"Q 币"、新浪的"比特币"。根据腾讯公司的年度盈利报告来看，其网络游戏收入占过半比重，Q 币的收入在总收入中比重不容小觑。

（三）金融融通平台

1. 第三方支付

传统的金融服务主要通过银行为交易提供信用担保，实现交易者资金融通。第三方支付将平台扩大为具备实力和信誉保障的第三方独立企业，即通过和国内外各大银行签约，为买方卖方提供信用支持。这种支付方式大大减少了信用卡信息和账户信息失密的风险；支付成本较低，降低了政府、企业事业单位直连银行成本；同时为适应不断升级的服务和竞争要求，平台在线上持续革新，创造个性化服务内容和业务模式，推动支付行为更加便捷和安全。

2. P2P 网贷

P2P 网络借贷，2005 年起源于英国，2007 年 中国，并在 2012—2016 年期间实现井喷式发展。主要分为两个板块：个体借贷和小额贷款。个体借贷是利用互联网平台的链接，实现不同个体间的直接借贷，即一对一的直接借贷。小额贷款是贷款公司利用互联网向个体提供小额贷款资金，即一对多的小额贷款。目前国内出现大型互联网公司如阿里、腾讯、京东、百度等设立的小贷公司，也有宜信、点融网等专门的网贷公司。

3. 众筹融资

众筹即大众筹资或群众筹资，即企业或个人通过互联网发布筹款项目并募集资金，利用互联网连结起赞助者与提案者。提案者通对公众展示其产品、创意，募集项目资金。赞助者则在筹资项目完成后，获得提案者承诺的回报，可以是资金、服务，也可以为实物。众筹并不是一种单纯的投资行为，通过筹资，可以了解消费者对该产品或服务的赞助意向，利用大数据的支持获得市场反馈数据。在资金募集过程中，通过与赞助者的沟通，同时可以听取社会个性化意见，不断丰富和完善产品。①

---

① 王澍. 互联网金融现状发展及对策分析［J］. 财经界，2016（21）.

1.3.2.2　我国网络金融的发展特点

一是从快速发展阶段转入规范发展阶段。随着风险专项整治工作深入开展，网络金融风险整体水平在下降，网络金融风险案件高发频发势头得到初步遏制，行业监管规则和要求进一步明确，行业发展环境得到进一步净化。

二是行业占金融总量的比重较低，但业务涉众面较广。以 P2P 网贷为例，据不完全统计，P2P 网络借贷行业总体贷款余额不到同期金融机构人民币各项贷款余额的 1%。但同时，P2P 网贷不论是投资端还是借款端，用户都在持续稳定增长。

三是业务模式众多，但主要业态发展呈现分化态势。具体来说，网络支付发展迅速，商业银行占据主体地位，非银行支付呈笔数多、单笔交易额较小的特点。P2P 网贷行业整合、退出现象明显，运营平台数量有所下降，成交量与参与人数仍稳步增长。网络保险业务扩张较快，创新较为活跃，业务渗透率不断提高。网络基金销售稳步增长，业务集中在网络货币基金销售。网络消费金融参与主体多元化，发展快速，以小额、短期的贷款业务为主。

网络股权融资发展相对滞后，股权众筹融资监管规则尚未发布，网络非公开股权融资实际开展业务的平台较少。

四是网络金融"鲶鱼效应"明显。网络金融在理念、技术和模式等方面的创新，促使中国传统金融机构不断改变业务模式和服务方式，为传统金融机构的改革发展注入了新动力。据不完全统计，截至 2016 年年末，中国已有网络直销银行近 60 家。其中，比较有代表性的中国工商银行"融 e 行"网络银行平台客户已达 2.5 亿人，其中移动端动户数达到 6 000 多万。①

延伸阅读：商业银行网络金融联盟

2016 年 7 月 28 日，由中信银行、招商银行等 12 家股份制银行联合发布，成立"商业银行网络金融联盟"。联盟围绕贯彻落实监管机构账户管理要求制定行动方案，致力于推进联盟行 II、III 类账户互联互通合作机制、建设联盟行联防联控体系、加强联盟行与第三方支付机构定价管理等。通过联盟行之间系统互联、账户互认、资金互通，为客户带来更加安全的账户保障和创新金融服务，以最低的银行间通道定价策略，将更多优惠让利于客户。

联盟宗旨

12 家全国性股份制商业银行联合成立的"商业银行网络金融联盟"，将通过系统互联、账户互认、资金互通，将为客户带来更多实惠：一方面，联盟间资金互通将实行最低市场价格，将节省的运营成本回馈于客户，联盟行客户手机银行、个人网银等电子渠道跨行转账免收手续费；另一方面，联盟行实现银行间的账户互认，更加合规便捷地为客户开立电子账户，保障客户资金安全。

① 李东荣. 中国互联网金融发展的现状、挑战与方向［N］. 金融时报，2017-05-22.

联盟成员：发起联盟的 12 家银行有中信银行、招商银行、浦发银行、光大银行、华夏银行、民生银行、广发银行、兴业银行、平安银行、恒丰银行、浙商银行、渤海银行。其中，中信银行成为首任联席主席行。

联盟的愿景是"平等、连接、开放、共赢"。

联盟的目标是"便民、惠民"：联盟成员资金互通，客户可享受手机银行、个人网银等电子渠道跨行转账免费；联盟成员账户互认，将实行最低市场价格，有效降低成员行的运营成本；联盟行落实新的账户管理办法要求，实现银行间的账户互认，更加合规便捷地为客户开立电子账户，以账户为基础实现连接，有效提升客户体验，保障客户资金安全。

据了解，商业银行网络金融联盟第四次会议于 2017 年 7 月 25 日在京召开，审议并通过新成员准入方案，联盟新成员准入方案遵循了"平等、连接、开放、共赢"的联盟愿景，对新的参与行不设置歧视条款、不设置差异化合作，符合《商业银行网络金融联盟章程》会员准入条件的商业银行均可向联盟提交入会申请，联盟理事会将根据申请银行资质、风险管理情况、业务开展情况进行集体决策，按照申请的前后顺序进行吸纳。随着联盟的不断扩大，广大客户将更好地共享联盟行提供的金融服务，满足客户多元化的金融需求。

至此，中信银行圆满完成了首任联席主席行职责。根据联盟协议，每年由一家参与行作为联席主任单位，协调各行相关工作。会议中，经联盟成员表决通过，招商银行将接替中信银行，成为联盟第二届联席主席行。

第 2 章　电子货币

2.1　货币的发展

从金融史的角度考虑，由原始的物物交换到今天高度发达的商品经济，货币经时间长河的洗礼，先后经历了商品货币、代用货币、信用货币和电子货币等一系列形态，货币从"真实价值"到"名义价值"的整个演变过程都体现着社会生产力的发展和进步。随着网络技术的发展，货币存在的形式更加虚拟化，出现了摆脱任何实物形式，只以电子信号形式存在的电子货币。

2.1.1　商品货币

商品货币是兼具货币与商品双重身份的货币。它在执行货币职能时是货币，不执行货币职能时是商品。它作为货币用途时的价值与作为商品用途时的价值相等，又称足值货币。在人类历史上，商品货币主要有实物货币和金属货币两种形态。

2.1.1.1　实物货币

实物货币是货币形式发展最原始的形式，与原始、落后的生产方式相适应。作为足值货币，它是以其自身所包含的内在价值同其他商品相互交换。从形式上来看，实物货币是自然界存在的某种物品或人们生产的某种物品，并且是具有普遍接受性、能体现货币价值的实物。如古希腊时的牛和羊，非洲和印度的象牙，美洲土著人和墨西哥人的可可豆，中国的贝壳和牲畜等。作为一般等价物，这类实物充当货币，同时又具有商品的价值，能够供人们消费。

这些实物货币对人类商品交换来说，很不方便、很不安全。同时，实物货币本身存在着难以消除的缺陷，它们或体积笨重，不便携带；或质地不匀，难以分割；或容易腐烂，不易储存；或体积不一，难于比较。可见，它们不是理想的交易媒介，随着商品经济的发展，实物货币逐渐退出了货币历史舞台。

2.1.1.2　金属货币

金属冶炼技术的出现与发展，为实物货币向金属货币转化提供了物质条件。凡是以金属为币材的货币都可以称为金属货币，铜、铁、金、银等都充当过金属货币的材料。各国采用何种金属作为法定货币，往往取决于该国的矿产资源状况、商品交换的规模、人们的习俗等因素。我国的金属货币最初由诸如铜这类贱金属充当，古铜币有刀币、布币、铲币、环钱等，后来逐渐固定在金银上。金属充当货币材料采取过两种形式：一是称量货币，二是铸币。

与实物货币相比，金属货币具备耐久性、轻便性、可分性或可加工性、价值统一或均质性、携带起来较为方便等优势。但是金属货币也有难以克服的弊端，这就是面对不断增长的商品来说，货币的数量却很难保持同步的增长，因为金属货币的数量受金属的贮藏和开采量的先天制约，所以在生产力急速发展时期，大量商品往往由于货币的短缺而难以销售，引发萧条；同时金属货币在进行大额交易时不便携带，仍有笨重之嫌，而且也不安全，这些都影响了金属货币的使用。

2.1.2 代用货币

代用货币，通常作为可流通的金属货币的收据，一般指由政府或银行发行的纸币或银行券，代替金属货币参加到流通领域中。换言之，这种纸币虽然在市面上流通，但都有十足的金银做准备，而且也可以自由地向发行机关兑换金币、银币。可兑换的银行券是代用货币的典型代表。银行券首先出现于欧洲，发行银行券的银行保证随时按面额兑付货币。

代用货币就实质特征而论，其本身价值就是所代替货币的价值，但事实上，代用货币本身价值低于甚至远远低于其所代表的货币价值。相对于金属货币，代用货币不仅具有成本低廉、更易于携带和运输、便于节省稀有金银等诸多优点，而且还能克服金属货币在流通中所产生的劣币驱逐良币等常见问题。代用货币再演化的结果就是信用货币。

2.1.3 信用货币

信用货币就是以信用作为保证，通过信用程序发行和创造的货币。信用货币本身已脱离了金属货币，成为纯粹的货币价值符号，是一种债务型的货币。一般而言，信用货币作为一般的交换媒介有两个条件：一是人们对此货币的信心，二是货币发行的立法保障，二者缺一不可。

从历史的观点看，信用货币是金属货币制崩溃的直接后果。20世纪30年代，由于世界性的经济危机接踵而至，各主要经济国家先后被迫脱离金本位和银本位，所发行的纸币不能再兑换金属货币，于是产生了信用货币。信用货币是代用货币进一步发展的产物，同代用货币一样，其自身价值也远远低于货币价值，区别在于信用货币不再像代用货币那样，以足值的金属作保证，而是以信用作保证，由政府强制发行，并且是法偿货币，任何人都必须接受。信用货币的主要形式有纸币、辅币和银行存款货币。

2.1.4 电子货币

在电子技术迅速发展的今天，货币形态也受到了巨大的影响。首先，电子计算机运用于银行的业务经营，使很多种类的银行塑料卡取代现钞和支票，成为西方社会日益广泛使用的支付工具。由于这些银行卡的迅速发展，有人认为，它们终将取代现金，这样就会出现无现金社会。同时，由于计算机网络迅速覆盖全世界，网络银行出现了，传统银行的运作也发生了不少变化，由此使得处于电磁信号形态上的货币成为货币的一种形态。

　　货币始终与商品经济一起发展，现代商品经济的高度发达，信用制度的日趋完善和科学技术的迅猛发展，推动着货币形式产生重大的变化。它的未来发展趋势将是从有形到无形，从现金与转账并存到无现金社会。目前世界各国银行电子计算机网络化的形成，最终将导致货币形式向电子货币转变。电子货币形态的出现是以科技进步为依托的，同时体现了货币形态信用和虚拟的本性。

2.2　电子货币的定义与特征

2.2.1　电子货币的定义

　　电子货币又被称为网络货币、数字货币或电子通货等，是20世纪70年代后期出现的一种新型支付工具。关于电子货币的定义，是国内外比较有争议的问题，版本较多，基本内容大同小异，目前尚无统一的定论，国际上公认的较为完整和准确的定义当属巴塞尔银行监管委员会的定义，即电子货币是指在零售支付机制中，通过销售终端、不同电子设备之间以及在公开网络（如 Internet）上执行支付的"储值"和预付支付机制。所谓"储值"是指保存在物理介质（硬件或卡介质）中可用来支付的价值，如智能卡、多功能信用卡等。这种介质亦称为"电子钱包"，它类似于常用的普通的钱包，当其储存的价值被使用后，可以通过特定设备向其追储价值。而"预付支付机制"则是指存在于特定软件或网络中的一组可以传输并可用于支付的电子数据，通常被称为"数字现金"，也有人将其称为"代币"，通常由一组组二进制数据和数字签名组成，可以直接在网络上使用。这一定义包含了电子货币中的在线交易和离线交易。

　　在欧盟范围内，2002年欧洲议会与理事会发布的《电子货币指令》将电子货币的法律概念定义为：对发行者的债权所代表的货币价值，并满足存储于电子设备中，作为支付方式能够被除了发行者之外的其他方所接受。该指令于2004年起被欧盟国家转译为各国的法律并实施。在中国，中国人民银行2009年起草的《电子货币发行与清算办法（征求意见稿）》的第三条中规定："本办法所称电子货币是指存储在客户拥有的电子介质上、作为支付手段使用的预付价值。根据存储介质不同，电子货币分为卡基电子货币和网基电子货币。卡基电子货币是指存储在芯片卡中的电子货币。网基电子货币是指存储在软件中的电子货币。仅在单位内部作为支付手段使用的预付价值，不属于本办法所称电子货币。"这一定义与巴塞尔银行监管委员会的定义基本一致。

2.2.2　电子货币的特征

　　现实交易中的货币作为一种媒介手段，具有交易行为的自主性、交易条件的一致性、交易方式的独立性和交易过程的可持续性等通货应具有的特性。电子货币作为一种新的货币形式，同样具有传统通货的属性。电子货币必须具有交易媒介的自主性、一致性、独立性和持续性。电子货币执行支付功能时本质上是类似于传统通货，只是电子货币是通过在销售终端、不同的电子设备之间以及在公开网络上执行支付。但与通货相比，电子货币具有一些特殊属性，一定程度上弥补了传统通货的一些不足，主要表现为五个方面。

2.2.2.1 发行主体趋于分散

从发行主体看，传统的通货是以国家信誉为担保的法币，由中央银行或特定机构垄断发行，由中央银行承担其发行成本，其发行收益则形成中央银行的铸币税收入。商业银行即使具有发行存款货币的权力，也要受到中央银行存款准备金等机制的影响和控制，货币发行权控制在中央银行的手中。但是电子货币的发行机制有所不同，呈现出分散化的趋势。从目前的情况看，发行主体既有中央银行，又有一般的金融机构，甚至是成立特别发行公司的非金融机构，如信用卡公司和IT企业。它们发行电子货币并从货币发行中获得收益，构成了一个特定的电子货币的发行市场。在这个市场中，大部分电子货币是不同的机构自行开发设计的带有个性特征的产品，电子货币以类似于商品生产的方式被生产出来，电子货币的总量不再受中央银行控制，其数量规模基本由市场决定。

2.2.2.2 流通突破主权范围

一般货币的使用具有严格的地线限定，一个国家货币一般都是在本国被强制使用的唯一货币（欧元除外）。而且在流通中可能被持有者以现金的形式窖藏，造成货币沉淀，货币流通速度缓慢。但是电子现金以数字文件的形式，依托于虚拟的互联网空间，在一个没有国界限制的一体化空间内快速流通。消费者可以较容易地获得和使用不同国家的发行机构发行的以本币或外国货币标值的电子货币，而且这种流通自始至终在银行转账范围内，从而避免了资金在银行体外循环。但是电子货币的使用必须借助于一定的电子设备，不能像纸币一样直接流通。电子货币的电子设备的设置地点并不是交易双方所能决定的，这在很大程度上影响了电子货币的便携性。

2.2.2.3 交易行为更加隐秘

传统货币具有一定的匿名性，但做到完全匿名不太可能，交易方或多或少地可以了解到使用者的一些个人情况。而电子货币支持的交易都在计算机系统和电子网络上进行，没有显见的现钞货币或其他纸基凭证。电子货币要么是非匿名的，可以记录详细的交易内容甚至交易者的具体情况；要么是匿名的，其交易完全以虚拟的数字流进行，交易双方根本无须直接接触，几乎不可能追踪到其使用者的个人信息。电子现金采用数字签名的技术来保证其匿名性和不可重复使用，对于交易有一定的隐秘性，为保护商业秘密和尊重交易方隐私提供了可行的途径。但绝对的匿名性也带来了消极影响，极易被洗钱活动所利用。

2.2.2.4 交易过程更加安全

传统的货币总是表现为一定物理形式，如大小、重量和印记等，其交易中的防伪主要依赖于物理设备，通过在现钞上加入纤维线和金属线、加印水印和凹凸纹等方法实现。而电子货币主要是用电子脉冲依靠互联网进行金额的转账支付和储存，其防伪主要采取电子技术上的加密算法或者认证系统的变更来实现。电子货币下的支付行为，需要资金的拥有人持有一定的身份识别证明，如个人密码、密钥甚至指纹等来验证交易的合法性，这些电子保安措施的安全性要远远高于现钞货币的安全防伪措施，因此，安全可靠程度更容易被接受。

2.2.2.5　交易成本更加低廉

传统货币的流通要承担巨额纸币印钞、物理搬运和点钞等大量的社会劳动和费用支出，而电子货币本质上是一组特定的数据信息，使用电子货币的交易行为是经由电子流通媒介在操作瞬间借记和贷记货币账户，一系列的识别、认证和记录数据的工作时间很短暂。电子货币的使用和结算不受金额、对象和区域的限制，信息流所代表的资金流在网络的传送十分迅速。这些特征使电子货币相对传统货币而言更为方便、快捷，从而极大地降低了交易的时空成本和交易费用。

2.3　电子货币的分类与职能

2.3.1　电子货币的分类

由电子货币的定义出发，可被划归为电子货币的支付工具有很多，为了更好地认识这些支付工具，可以按照不同的标准将它们划分为以下五类。

2.3.1.1　按电子货币的支付形式分类

根据具体的支付形式的不同，电子货币可划分为四种不同的类型，即储值卡型电子货币、信用卡应用型电子货币、存款利用型电子货币和现金模拟型电子货币。

储值卡型电子货币是指可用于电子网络和 Internet 网络支付，功能得到进一步提高的储值卡。储值卡型电子货币类似于通常所用的 IC 卡，与一般的储值卡相比，它可以通过自动柜员机进行充值，从而反复使用。使用 IC 卡的电子货币项目大部分都属于储值卡型电子货币，如 VISA 现金、MasterCard 现金、我国开展的金卡工程中的 IC 卡等。从支付方式来说，储值卡型电子货币与普通的储值卡并无本质区别，它只能用于当面支付金额的划拨，而不能用于企业间资金划拨及 Internet 网络支付。因为储值卡型电子货币的使用范围有较大限制，难以在电子商务中得到广泛应用，所以在现有的支付体系下，其对社会、经济的影响还不大。

信用卡应用型电子货币是指实现了电子化应用的信用卡，它与传统的信用卡支付方式的不同在于：它主要是在 Internet 上使用。从传统的信用卡支付过程来看，首先，买方在卖方的支付柜台提交自己的信用卡并签名；然后，卖方将买方的信用卡号和购买金额等信息传递到发卡机构；最后，发卡机构代买方将购物金额垫付给卖方，完成支付。在这一过程中，买卖双方之间仅通过物理媒介提交信用卡的卡号及其他相关信息等，就可以完成结算。如果不考虑安全问题，将这一提交信息的过程转而使用电子方式进行，则成为信用卡应用型电子货币的交易过程。这一转化易于实现，因此，与其他的三种电子货币相比，信用卡应用型电子货币是目前使用率最高、发展速度最快的一种。

存款利用型电子货币是指被用作支付手段在计算机网络上进行传递的存款货币，其主要特点是通过计算机通信网络移动存款通货来完成结算过程。根据移动存款所使用的计算机网络的不同，可分为专用网络（也称封闭式网络）的转账结算和基于Internet开放式网络的转账结算；根据移动存款指令发出形式的不同可分为支付人启动方式和接收人启动方式两种。金融服务技术国际财团开展的"电子支票项目""微软货币"及"为你管钱"等，都是存款利用型电子货币。

现金模拟型电子货币是模仿现金当面支付方式的电子现金，它具备现金的匿名性、可用于个人之间支付、可多次转手等特性，是以代替实体现金为目的而开发的，是网络电子货币的新型种类，它是真正意义上的网络货币。目前典型的代表有两种，一是基于Internet网络环境使用的，且将代表货币价值的二进制数据保存在微机终端硬盘内的电子现金，是数字方式的现金文件；二是货币价值保管在IC卡内，并可脱离银行支付系统流通的电子钱包或智能卡形式的支付卡。由于现金模拟型电子货币十分接近于实体现金，所以一旦现金模拟型电子货币得到普及，必然会给一个国家或地区的货币体系带来巨大影响。

2.3.1.2 按电子货币的载体分类

根据载体的不同，国际清算银行在2002年将电子货币分为以下两大类：以卡片为基础的电子货币和以互联网为基础或以软件为基础的电子货币，即卡基电子货币和数基电子货币。卡基电子货币以卡片为基础，就是通常所说的多功能预付卡或电子钱包，载体是各种物理卡片，包括智能卡、电话卡等。使用中其作为现钞或硬币等传统货币工具替代品，为小额的、面对面的零售支付提供了便利。消费者在使用这种电子货币时，必须携带特定的卡介质，消费的电子货币金额需要预先储存在卡中。卡基电子货币是现在电子货币的主要形式，发行卡基电子货币的机构包括银行、信用卡公司、电信公司、大型商户和各类俱乐部等。上海的交通卡、香港地区的八达通卡、台湾地区的Mondex卡都是典型的卡基电子货币

数基电子货币是以互联网为基础或以软件为基础的，其表达完全基于数字的特殊编排，依赖软件的识别与传递，不需特殊的物理介质，为远距离互联网小额交易提供便利交易的支付工具。只要能连接上网，电子货币的持有者就可以随时随地通过特定的数字指令完成支付，是在开放式网络上使用信用卡作为支付手段的一种工具。

2.3.1.3 按电子货币的使用方式与条件分类

电子货币的使用方式有认证与匿名两种，使用条件有在线与离线两种。因此按照使用方式与条件分类，可将电子货币划分为四类：在线认证系统、在线匿名系统、离线认证系统、离线匿名系统。认证是指电子货币的持有者在使用电子货币时需要对其身份进行确认，其个人资料被保存在发行者的数据库中，以电子货币进行的交易是可追踪的；匿名是指电子货币的持有者在使用电子货币时不需进行身份认证，其交易不能被追踪。

在线是指客户使用电子货币支付时需要连接上网,电子货币的接收方通过网络实时验证电子货币的真实性、金额是否相符,然后才能决定是否接受支付请求。需要注意的是,电子货币的在线认证与信用卡、借记卡等不同,前者关注的是货币本身,而后者验证的是用户的身份。离线电子货币的使用者在支付时不需连接上网,部分离线电子货币甚至不需验证。比如信誉度较高的 IC 卡,它可以通过专用的 IC 卡支付机完成两张卡之间的资金转移。对于需要验证的离线电子货币,可以通过专用的"电子货币验钞机"。这种"电子货币验钞机"实际上是一台专用编码核对器,可以验证电子货币的标码是否符合发行者特定的密码规则,进而确定电子货币的真实性与价值。

2.3.1.4　按发行主体分类

将电子货币按照发行主体进行分类,一方面可以明确电子货币发行机构的性质,另一方面也有利于把握电子货币流通性的强弱。具体而言,按照发行主体分类,电子货币可以分为以下三种类型。第一,商家发行模式,即电子货币发行机构与商品和服务的提供者相同。例如,各大型企事业单位面向内部人员发行的可储值卡、各高校发行的学生购物用餐卡、各超市连锁集团发行的可充值的会员购物卡。这些卡的共性是只能在电子货币发行机构的网点进行购物交易。第二,银行发行模式,即电子货币发行机构与商品和服务提供者不相同,并且在交易过程中,除消费者与商家外,传统的银行系统也介入其中。如银行信用卡、借记卡、电子支票账户等。第三,非银行发行模式,即使用者用现实的货币从发行人处购买电子货币,然后再加入该系统的商家那里消费,最后由发行者从商家处赎回电子货币。例如,淘宝网的支付宝、易趣网的安付通。

2.3.1.5　按电子货币的被接受程度分类

根据电子货币的被接受程度,电子货币可以分为单一用途电子货币和多用途电子货币。单一用途电子货币往往由特定的发行者发行,只能被特定的商家所接收,用于购买特定的一种产品或服务。在单一用途电子货币中,又可细分为一次性和可复存的两种。多用途电子货币的典型代表是 Mondex 智能卡系统,这种智能卡根据其发行者与其他商家签订协议范围的扩大,而被多家商户所接受,它可购买的产品与服务也不限于一种,有时它还可以储存、使用多种货币。

2.3.2　电子货币的职能

电子货币是在传统货币的基础上发展起来的,与传统货币在本质、职能及作用等方面存在许多共同之处,但两者产生的社会背景、经济条件和科技水平等均有不同,导致了它们在执行货币职能时产生了差异。货币的职能是货币本质的具体表现,一般认为,货币具有价值尺度、流通手段、支付手段和储藏手段的职能。就现阶段的电子货币来说,它是以既有实体信用货币为基础而存在的"二次货币"。因此,要能够完全执行货币的职能必须达到一定的条件。只有当电子货币在任何时候都能与既有的实体货币之间以 1 比 1 的比率交换,电子货币可以用于包括个人之间支付的所有结算,而且任何人都愿意接受并持有到下一次支付时,电子货币才能完全执行传统货币的所有职能。

2.3.2.1 价值尺度

电子货币与其他货币支付手段相比，具有货币的一般性特征，但是电子货币缺少传统货币的价格标准，因为价格标准是人为的一个约定基准。作为价值尺度代表的货币单位必须是公认的、统一的和规范的，与其他度量单位相同，需要法律强制执行。没有价格标准支撑的电子货币，就缺乏人们普通接受的信用。电子货币对商品价值度量的标准是建立在纸币或存款账户基础上的，遵循中央银行货币的价值尺度标准，电子货币要以中央银行货币单位作为自己的计价单位，发行主体要保证其能与实体货币以 1 比 1 的比率兑换。电子货币由于带有明显的发行人特征，而不同的发行人对价值判断的标准不同，因而电子货币体系需要通过一个外部标准统一规范。

2.3.2.2 流通手段

电子货币不具备价值尺度的功能，但却是一种高效的流通手段，是在统一价值尺度下对流通手段的替代。由于货币发挥流通手段职能，只起一种交换媒介作用，因此可以用本身完全没有价值的货币符号来替代。例如，由国家发行而强制流通的价值符号——纸币与现在代替纸币作为一种数字化的价值符号——电子货币。纸币在发挥流通手段职能时，使交换买卖双方钱货两讫，实现从货币到商品的实物让渡，而电子货币是无形的，完成的交换表现为买卖双方银行账款上存款余额数字的增减变化。电子货币发挥流通手段职能时必须依靠银行等中介机构的参与才能完成。电子数字化现金没有明确的物理形式，付款行为就是通过银行从买方的数字化现金中扣除并传输到卖方。利用电子货币媒介商品交易，速度快、费用低。如果解决了电子货币的安全问题，并且使用电子货币的设备大大简化并在全社会普及，电子货币就完全可以取代现行的纸币体系，成为主要的支付工具。

2.3.2.3 支付手段

货币和商品在买卖过程中不同时出现，即采用预付款或延期支付的方式进行交易，则货币发挥着支付手段的职能。电子货币被用来进行支付时，当其通过网络以数据信息形式从交易一方转移到另一方时，钱货两讫，交易应随即宣告完成。电子货币比商品货币、纸币更具有支付中介优势，电子货币发挥支付手段职能的一个特点是将消费者信用、商业信用和银行信用有效结合起来。电子货币发挥支付职能实质就是通过信用进行交易，形成可以相互抵销的债权债务关系。在最终结算时大部分债权债务关系被冲销，大大加快了交易的速度，提高了运作效率，同时也减少了货币的需求量。一种货币能在多大程度上解决支付的最终性问题，取决于人们对它的信任程度。但由于被认可程度不同和行业间的限制，电子货币在支付中并不被普遍接受。有时只有将共同比例兑换为传统货币才能满足交易需求，所以真正体现交易信用的仍是被电子化、数字化前的现金或存款。如果某个机构能够取得足够的信任，为它发行的电子货币能在商品流通中使用提供足够的担保，也能同纸币一样解决支付的最终性问题。

2.3.2.4 储存手段

货币的储存手段职能是与货币自然形态关系最为密切的职能。利用货币储存价值的先决条件之一是货币积累所代表的价值积累没有风险，或者风险极低。纸币代表一个债务符号，是发行国家与纸币本身的法律契约，是发钞国家对持有者的负债，国家信誉是有限信誉，尽管国家会努力承担其法律责任，但持有者无法控制发行国增加纸币发行的行为。电子货币的储存是以数字化形式存在的，目前的价值储存功能也依赖于传统通货，以现金或存款为基础，所以这样得到的电子货币永远不可能摆脱持有者手中原有通货的数量约束。这样，电子货币作为价值储存是名不副实的。所以，电子货币的储存功能是所有者无法独立完成的，必须依赖中介机构。

延伸阅读："无现金社会"真那么美吗？

国际金融报记者 袁源（《国际金融报》2017 年 01 月 16 日 第 15 版）

电子货币的每一笔交易都能被追踪，引发了有关个人隐私受到侵犯的讨论，且不断攀升的电子支付和网上银行诈骗案发率也对全面实现"无现金"化社会提出了更多挑战。此外，坚持无现金交易可能让穷人留在体系之外。

从丹麦、瑞典到印度，都在试图大胆地跟现金社会说再见，但没有现金的社会真有那么美吗？

推行"无纸化"

如今，电子货币已成为消费市场的潮流。欧洲已经走在这股金融风潮的前端，包括丹麦、瑞典和挪威等国，都积极推行无现金交易。

丹麦政府自 2016 年起便已开始基本进入"无现金社会"。这个国家总人口为 560 万人，其中，有 200 万人使用移动支付服务，因此，丹麦政府从 2016 年开始实施"无纸币政策"，除了医院、药局与邮局等机构外，所有零售商家，包括加油站、服饰店和餐厅等，都已取消收银机，只接受使用信用卡或手机移动支付等电子货币服务。甚至连教堂旁都设置刷卡机，以便教友捐款。

丹麦政府为了让"无纸政策"更进一步，在与各大银行协商后公布政策，今年起，除了同一家银行的支票，将不再接受跨行支票的付款及转账。

另一个北欧国家瑞典也紧跟趋势。根据瑞典中央银行的调查，自 2009 年起，瑞典使用实物现金（包括硬币和纸币）的情况迅速下降，流通量下降了 40%。因此，瑞典央行副总裁 Cecilia Skingsley 表示，央行可能推出电子货币，成为第一个创立自己的虚拟货币的主要央行。

根据斯德哥尔摩 KTH 皇家理工学院技术研究人员观察，瑞典有望成为世界上第一个无现金社会。

根据瑞典央行的数据，非现金交易平稳增长，比过去十年多出 10%，达到了 92% 的高峰。

印度总理莫迪也喊出了无现金社会目标。他于去年 11 月，宣布面值为 500 卢比和

1 000卢比的纸币作废，同时发行新版纸币，以打击国内猖獗的腐败和黑钱交易。

然而，新版钞票供应短缺导致排队换钞成为几乎所有印度人每天的必修课。为了减轻市场现钞需求，同时加强对个人税收和社会财富的监管，印度政府也推出各种政策，不遗余力地推广"无现"交易。

印度财政部还公布了一揽子政策：使用电子支付的消费者，可以获得0.75%的燃油和10%的收费站折扣；城市轨道交通月票或季票给予0.5%的优惠；在线购买火车票可免费获得100万卢比的意外保险，并在预订车上餐食和车站休息室时获得5%的折扣；在线购买保险也可获8%~10%的保费折扣等。

同时，印度财政部宣布对单笔少于2 000卢比的在线交易免收服务税，同时要求各家银行免除或降低电子交易手续费，以吸引更多商家和用户减少现金交易。

莫迪在新德里参加推动数字交易的"DigihanMela"活动时，亦呼吁民众进行无现金交易。

莫迪在推特（twitter）发文说，转向数字化交易，可以终结腐败。希望DigihanMela"活动提高印度民众对数字支付的认识，帮助人们开设账户、登记取得生物辨识卡"Aadhaar card"，使用数字交易。

印度官员透露，政府还拟订计划，强制工厂以支票或转账的方式支付工人薪水，而非以现金支付。

贫民受排挤

有关现金阴谋论，不外乎与罪犯、恐怖分子和逃漏税有关。而电子支付更简化了人们的生活，政府在清算时，不仅减少很多交易成本，也不需储存印制钞票，流通货币计算也相对容易。在打击洗钱、恐怖袭击的大形势下，无现金化交易越发受到青睐。

美联储估计，2016年非现金交易料将达到6 169亿美元，而2010年只有600亿美元左右。

然而，电子货币的每一笔交易都能被追踪，这也引发了有关个人隐私受到侵犯的讨论。近年来，不断攀升的电子支付和网上银行诈骗案发率也对全面实现"无现金"化社会提出了更多挑战。

更为严重的是，在一些国家和地区，贫民、摊贩、小商家之类没有能力在银行开户转账的人，可能面临更严重的排挤。

金融作家费里斯比说："坚持无现金交易就是施压民众开立银行账户，加入金融体系，但许多穷人很可能留在体系之外。"

以印度为例，在该国超过10亿的手机用户中，只有15%可以通过手机接入互联网，这些人也多集中在城市。这意味着，在这次变革中，农村和低收入群体可能又一次被落在后面。

印度的果亚邦试图将首府帕纳吉转变成无现金社会，各种以数字支付购买的服务，例如火车票，都可享有折扣优惠。与此同时，还开课教小商家学习电子支付。但穷苦小贩无力负担读卡机，他们的手机也无法接受移动支付转账。

英国《卫报》报道，英国伦敦部分商店和咖啡馆现在也追随公交车的做法，拒收纸钞和零钱，只接受数字支付。虽然这很方便，但民众口袋再没有零钱留给乞丐、街头卖艺人、摊贩和教会奉献箱。

即便在瑞典，该国民众对于数字支付的热衷程度依旧相差很大，北方乡间老人就不擅长科技。最近瑞典正掀起"现金崛起"行动，主要支持者是全国退休者组织，要求确保老年人仍能从银行存取现金。

有监管机构曾呼吁瑞士提高现金消费上限，防治不法之徒，但政客坚称，使用现金是国民的权利。瑞士偏爱现金的原因，在于治安良好，偷窃和抢劫案件相对较少；瑞士境内大部分为乡村环境，交易模式大多为面对面，还有现金可能被视为手中的有形资产。

第3章 电子支付

3.1 支付方式的发展

支付是伴随商品经济的发展，形成的债权人与债务人之间资金转移的偿付行为，是市场经济和现代金融活动的基本行为之一。与之相关联的两个概念是支付手段和支付工具。支付手段是货币的基本职能之一，支付工具则是商品交易的支付媒介，与支付手段是不同范畴的概念。支付工具既可以是法定货币，也可以是非法定货币，如前文中介绍的电子货币。电子货币虽然不是法定货币，但其"价值量"依赖于与现行货币保持1比1的兑换关系，从而也能间接地反映纸币具有支付手段职能。这也意味着，支付工具与法定货币之间并没有一一对应的关系，它比法定货币具有更加广泛的内容。只是，支付工具必须直接或间接地依附于法定货币，是一种能直接或间接反映货币具有支付手段职能的载体。

电子商务较之传统商务的优越性正成为吸引越来越多的企业和个人上网购物的原动力，但如何通过电子支付手段安全地完成整个交易过程，又是买卖双方首先要考虑的问题。网络支付是电子商务极为重要的组成部分，已经成为电子商务能否顺利发展的关键之一。目前在电子商务支付结算过程主要采用两种基本方式，即传统的支付方式和电子支付方式。

3.1.1 传统支付方式

电子支付技术是建立在对传统支付方式深入研究应用的基础上的。目前一些非完全的电子商务过程仍离不开传统的支付方式，即客户在网络查询商品信息，进行网络洽谈和交易，而货款则采用传统的方式来支付。货款的支付时间根据商家或客户的要求，可以是款到发货或者货到付款。目前异地交割的网络购物也有采用款到发货方式，即先以传统方式支付后，卖方才能发货；同城配送的网络购物大多采用货到付款方式，即卖方先将货物送到买方手中，买方验货后再用传统方式支付。传统的支付方式主要有现金支付、票据支付和银行卡支付三种类型。

3.1.1.1 现金支付方式

传统的现金支付工具具有举足轻重的作用。有的国家甚至70%~95%的交易都是使用现金来支付的，其他支付工具的使用也是建立在能与现金自由兑换的基础上的。之所以如此是因为现金具有以下的特点：

（1）现金（特指某国的法定货币）以国家强制力赋予的信用为后盾，是法律规定的最终的支付手段，具有普遍的可接受性。

（2）现金支付具有分散、匿名、使用方便、无交易费和灵活等特点。

（3）现金支付具有技术上的"离线处理"的特性，收付款双方通过亲身参与鉴定现金的真伪，不需任何机构的联网确认和支持。

（4）现金发行上的有限性（稀缺性）维持了人们对现金价值的信任。

在传统支付方式中，现金支付过程比较简单，最适合于低价值的交易，常用于企业（主要是商业零售业）对个人消费者的商品零售过程，这种支付方式的缺陷在于：受时间和空间的限制，对于某些不谋面的交易活动，就无法采用现金支付；大宗交易必须携带大量的现金，携带不便以及不安全因素在一定程度上限制了现金作为支付方式的采用。目前在商贸实务过程中普遍使用的支付方式还是所谓的"三票一卡"，即汇票、本票、支票和银行卡。

3.1.1.2 票据支付方式

这是一种是以银行存款作为支付手段的非现金结算方式，也称为转账支付方式，多用于企业之间的商贸过程。票据是按票面记载的金额在一定期限内完成支付行为的书面约束凭证，是国际通行的结算和信用工具。票据支付实质上就是一种数据的交换，票据不过是信息的具体载体而已。各类单证、票据上的信息反映了商贸实务处理过程中的金融行为，反映了资金在买卖双方账户之间的流动，最后通过买卖双方代理银行之间的资金清算系统来兑现各种金融行为、票据等。票据分为汇票、本票、支票三大类。票据支付过程中有三个当事人，即出票人、收款人和付款人。支票的付款人为银行。

票据支付方式是以票据的转移代替实际的资金的转移，这样可大大减少现金在保管、携带、输送中的麻烦和风险，而且在支付日到来之前，付款人在这段时间内可充分运用资金。票据支付方式在异地交易中已经成为代替现金支付方式的最佳工具。票据支付方式涉及资金清算系统。资金清算系统实质上就是要结算各金融机构之间相互欠下的应兑付的各种票据金额。当票据积累到一定程度时，各金融机构就要进行资金清算。在电子票据数据交换条件下，资金清算的周期一般都是 24 小时。纸质支票一直是传统银行业务中大量采用的支付工具。

3.1.1.3 银行卡支付方式

银行卡是由银行等金融机构发行的，主要有信用卡、借记卡、现金卡、支票卡和电子钱包卡等。目前世界各地有上万家银行发行了银行卡，银行卡已经成为人们金融活动的常用工具；银行为持卡人和特约商户提供高效的结算服务，十分灵活方便，这使得消费者乐于持卡购物和消费。

在信用卡支付过程中，信用卡金融信息系统将特约商家、信用卡发行机构以及银行的计算机系统联网。在顾客利用信用卡消费时，款项的支付过程通过联机系统实时处理。利用信用卡机构的计算机中心使银行在非营业时间段也能支持顾客的交易。先将产生的转账数据存储在信用卡机构的计算机中心，待银行开始营业后再处理。利用信用卡机构的顾客数据库使得诸如信用卡的挂失、停止使用和合法性的确认等业务的处理更加容易。银行借记卡的支付流程与上述信用卡支付流程的差别在于：客户在特约商家持卡消费时，商家现金出纳系统将顾客的消费金额输入 POS 终端，读卡器读取客户借记卡磁条或芯片中的认证数据，客户输入密码。客户的支付信息不经过信用卡机构，而是通过银行的金融专用网络直接传送给银行，再由银行认证处理支付信息，进行划账。

3.1.2　电子支付的兴起

各种不同的支付系统通常是与各种不同的经济联系在一起的。经济社会曾经使用过各种形态的货币在商品交换中转移价值。从最初的实物交换发展到商品货币（如贵金属）标志着社会生产力的进步。而法定货币的出现则是支付工具发展史上的第一次飞跃，银行存款作为支付手段是货币制度的一大进步。用电子形式的支付工具完全取代纸凭证形式的现金和非现金支付工具在技术上是完全可以实现的。人们把电子支付工具看成是支付工具发展史上第二次飞跃或革命。

现金与支票的支付方式是伴随着传统的商务活动出现并发展起来的。近十年来，互联网和电子商务的迅速发展，无论对企业的内部经营还是对市场中的商务交易都产生了深刻的影响，传统的支付方式已不能满足电子商务的需要。首先，传统支付方式不能实时支付。实时支付是指消费者在浏览器上单击支付按钮时，浏览器自动将支付指令传送给商家，再由商家传送给银行，银行对相关各方进行身份认证后，将资金划拨给商家，整个支付过程只需要极短的时间。而传统的支付方式大都是采用纸质货币、单据等实物作为支付手段，因此难以实现实时支付。其次，传统支付方式严重缺乏便利性。传统支付方式的介质种类繁多，不同银行的处理流程和表单格式相差也很大，这些给用户的应用带来了麻烦。最后，传统支付方式运作成本高。传统的支付方式要涉及大量的人员、设备，运作成本较高。例如，各个银行和邮局开展汇兑、支票等业务需要在全国各地设立柜台，并配备专业人员和设备，而且要经过复杂的后台处理过程。

从传统支付方式的局限性可以看出，传统的支付方式远不能满足电子商务的发展需要。企业、消费者、银行等交易参与方均迫切需要效率更高、成本更低、更快捷、更安全的支付方式，互联网和数字技术的不断发展成熟又提供了良好的技术支撑平台，这些因素都促使了电子支付方式的兴起。相较于传统的支付方式，电子支付具有以下特点：第一，电子支付是采用先进的信息技术来完成信息传输的，其各种支付方式都是采用数字化的方式进行款项支付的，而传统的支付方式则是通过现金的流转、票据的转让及银行的汇兑等物理实体的流转来完成款项支付的。第二，电子支付的工作环境是基于一个开放的系统平台（如互联网）之上，而传统支付则是在较为封闭的系统中运作。第三，电子支付使用的是最先进的通信手段，如互联网、外联网，传统支付使用的则是传统的通信媒介。电子支付对软、硬件设施的要求很高，如联网的计算机、相关的软件及其他一些配套设施，而传统支付则没有这么高的要求。第四，电子支付具有方便、快捷、高效、经济的优势。用户只要拥有一台联网的计算机，足不出户便可在很短的时间内完成整个支付过程。

电子支付以电子手段在互联网进行支付，可以充分发挥电子商务的高效率与低成本运作等优势。因此，要使电子商务发展，就必须大力发展电子支付。信用卡、智能卡、电子支票等支付工具既有纸质现金的价值特征，又能通过支付指令在网络传送。技术的进步也使电子现金、电子钱包、网络银行、电子汇兑等支付方式不断成熟并投入商业化应用，同时人们还在不断开发新的支付工具。因此，电子支付是一个极具发展潜力的领域。

3.2　电子支付的定义与分类

3.2.1　电子支付的定义

电子支付指的是消费者、商家和金融机构之间使用电子手段，把支付信息通过信息网络安全地传送到银行或相应的处理机构，以实现货币支付或资金流转的支付系统，即把新型支付工具（包括电子现金、信用卡、电子支票等类型的电子货币）的支付信息通过网络安全地传送到银行或相应的处理机构，来实现电子支付。它是电子商务发展的必然产物，是伴随着商务活动电子化而形成的支付流程电子化。

3.2.2　电子支付的分类

电子支付按照不同的系统特性具有不同的分类。

3.2.2.1　按交易主体分类

根据交易主体的不同组合可以将电子商务分成 B2C（企业对消费者）、B2B（企业对企业）、B2G（企业对政府）、G2C（政府对消费者）、C2C（消费者对消费者）等几种模式。在电子商务实践中发现，不同的模式中交易方选择的支付方式也会有所不同，这主要是由于各种模式中参与主体的经济实力、交易金额大小、对安全要求高低及支付习惯等因素存在差异而造成的。因此，根据交易主体不同，可将电子支付划分为以上五类。

B2C 型支付方式主要用于企业与消费者之间进行的交易。因为这两者交易时，多数情况下都是消费者为支付方，所以 B2C 型支付涉及的金额一般不大，但要求支付方式方便灵活，比如消费者使用网络银行在当当网购买商品即为 B2C 型支付。G2C 型支付方式、C2C 型支付方式与 B2C 型支付方式类似，比如消费者通过网络银行缴纳交通违章处罚金即为 G2C 型支付方式，消费者之间通过淘宝网进行个人物品交易即为 C2C 型支付方式。B2B 型支付方式主要在企业与企业之间进行交易时采用。这种商务模式中涉及的金额一般较大，因此对支付系统的安全性要求很高，比如企业之间使用电子支票进行货款结算即为 B2B 型支付方式。上述 B2C 型支付方式和 B2B 型支付方式的界限也并不绝对。例如，欧美国家等经常把电子支票应用于消费者与消费者之间、消费者与企业间的支付；又如，信用卡一般属于 B2C 型支付方式，但有时也用于企业间的小额支付。B2G 型支付方式与 B2B 型支付方式类似，比如企业通过网络进行网络报税即为 B2G 型支付方式。

3.2.2.2 按支付金额大小分类

按照支付金额的大小，国际上将支付等级分为商业级支付、消费者级支付和微支付。不同的支付等级有不同的安全性和费用要求。商业级支付涉及的金额较大，对安全性要求很高，通常在企业、政府部门之间使用。世界各国的金融机构一般都有相应的标准，如我国规定 1 000 元以上为商业级支付，美国的标准一般在 1 000 美元以上。在我国，支付金额在 5~1 000 元的支付为消费者级支付，主要用于满足个人消费者在商务活动中的一般支付需要。这一标准在美国为 5~1 000 美元。微支付是指涉及金额特别小的支付，在我国为 5 元以下，在美国为 5 美元以下。微支付应用在浏览收费网页、收听在线音乐、下载手机铃声和图片等小额交易中。一般而言，电子汇兑系统以及电子支票常用于商业级支付，信用卡、电子钱包、个人网络银行常用于消费级支付，手机 SIM 支付则常用于微支付。

3.2.2.3 按支付信息形态分类

进行电子支付时，电子货币是以数据流的形式传输的。根据传输的信息形态不同，可以将电子支付分为电子代币支付和指令支付。消费者使用电子代币支付时，网络中传输的数据流本身就是货币，它和现实中的人民币、美元的意义一样，只不过是将其用特殊的数据流表示，比如电子现金支付即为电子代币支付的一种。指令支付是指将包含币种、支付金额等信息的数据指令通过网络传输给银行，银行根据此指令在支付双方的账户间进行转账操作，完成支付。使用指令支付的前提是支付方需要有银行账号，并存入足量的资金。比如网络银行支付、网络转账支付、信用卡支付等都属于指令支付。

3.2.2.4 根据支付时间分类

根据支付和交易发生的时间关系，可将电子支付分为预支付、即时支付和后支付三种。预支付就是先付款，然后才能购买到产品和服务。如中国移动公司的"神州行"采用的就是预支付方式，消费者先购买充值卡支付了通信费，然后才开始使用通信服务。后支付是消费者购买一件商品之后再进行支付。在现实生活的交易中，后支付比较普遍。即时支付指交易发生的同时，资金也从银行转入卖方账户。随着电子商务的发展，即时支付方式越来越多，它是"在线支付"的基本模式。如一些数据商品的在线交易，在交易中买方得到商品的同时，资金也同时转账到卖方的账户。

3.3 电子支付系统的构成与功能

电子支付系统指的是支持消费者、商家和金融机构通过 Internet 使用安全电子交易手段实现商品或服务交易的整体系统。它使用新型的支付工具——电子货币，完成数据流转，从而实现电子支付。电子支付系统中包含了购物流程、支付工具、互联网安全技术、信用及认证体系以及现有的金融体系，是一个庞大的综合性系统。

3.3.1 电子支付系统的构成

电子支付系统比传统支付系统复杂，活动参与的主体包括客户、商家、银行和认证中心四个部分。网络支付系统的基本构成如图 3.1 所示。

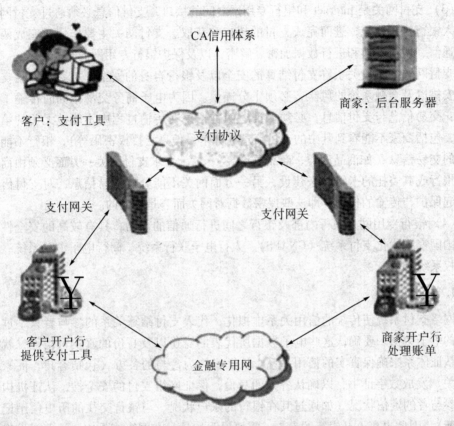

图 3.1 电子支付系统

3.3.1.1 客户

客户一般是指商品交易中负有债务的一方。客户使用支付工具进行网络支付，是支付系统运作的原因和起点。

3.3.1.2 商家

商家是商品交易中拥有债权的一方。商家可以根据客户发出的支付指令向金融机构请求资金入账。

3.3.1.3 银行

电子商务的各种支付工具都要依托于银行信用，没有信用便无法运行。作为参与方的银行方面会涉及客户开户行、商家开户行、支付网关和银行专用网等方面的问题。

（1）客户的开户行是指客户在其中拥有自己账户的银行，客户所拥有的支付工具一般就是由开户行提供的，客户开户行在提供支付工具的同时也提供了银行信用，保证支付工具的兑付。在信用卡支付体系中把客户开户行称为发卡行。

（2）商家开户行是指商家在其中拥有自己账户的银行。商家将客户的支付指令提交给其开户行后，就由商家开户行进行支付授权的请求以及银行间的清算等工作。商家开户行是依据商家提供的合法账单（客户的支付指令）来操作，因此又称为收单行。

（3）支付网关是 Internet 和银行专用网之间的接口，支付信息必须通过支付网关才能进入银行支付系统，进而完成支付的授权和获取。支付网关主要作用是完成两者之间的通信、协议转换和进行数据加密、解密，以及保护银行专用网的安全。

支付网关的建设关系着支付结算的安全以及银行自身的安全，关系着网络支付结算的安排以及金融系统的风险，必须十分谨慎。因为电子商务交易中同时传输了两种信息：交易信息与支付信息，必须保证这两种信息在传输过程中不能被无关的第三者阅读，包括商家不能看到其中的支付信息（如卡号信息、授权密码等），银行不能看到其中的交易信息（如商品种类、商品总价等），这就要求支付网关一方面必须由商家以外的银行或其委托的卡组织来建设，另一方面网关不能分析交易信息，对支付信息也只是起保护与传输的作用，即这些保密数据对网关而言是透明的。

（4）银行专用网是银行内部及银行之间进行通信的网络，具有较高的安全性，包括中国国家现代化支付系统（CNAPS）、人行电子联行系统、商行电子汇兑系统、银行卡授权系统等。

3.3.1.4 认证机构

网络支付系统使传统的信用关系虚拟化，代表支付结算关系的参与者只不过是网络上的电子数据。要确认这些电子数据所代表的身份以及身份的真实可信性，就需要建立认证体系来确保真实的信用关系。认证机构为参与的各方（包括客户、商家与支付网关）发放数字证书，以确认各方的身份，保证网络支付的安全性，认证机构必须确认参与者的资信状况（如通过其在银行的账户状况、与银行交往的历史信用记录等来判断），因此也离不开银行的参与。需要说明的是：在网络交易中，消费者发出的支付指令，在由商户送到支付网关之前，是在 Internet 上传送的，这一点与持卡 POS 消费有着本质的区别，因为从商户 POS 到银行之间使用的是专线。而 Internet 交易就必须考虑公用网络支付信息的流动规则及其安全保护，这就是支付协议的责任所在。

3.3.2 电子支付系统的分类

一般而言，电子支付系统可以分为三类，即大额支付系统、脱机小额支付系统、联机小额支付系统。

3.3.2.1 大额支付系统

大额支付系统，即大额资金转账系统，是一个国家支付系统的主动脉。大额资金转账系统能够把各个地方的经济和金融中心联结起来，形成全国统一的市场，对经济发展、金融市场的发展乃至国家的整个金融体制具有十分重大的意义。此外，大额资金转账系统还对重要的跨国市场提供多种货币交易的最终结算服务。由于这些原因，大额转账系统的设计和运行是决策者和银行家关心的主要问题。发达国家十几年来一直都在努力改造、强化或建立它们的跨行大额资金转账系统。在从计划经济向市场经济过渡的国家里，建立起大额资金转账系统被认为是发展市场经济中应首先考虑的问题之一，因为大额资金转账系统不仅能满足社会经济对支付服务的需求，而且支持正在形成的金融市场，为中央银行采用市场手段实施货币政策创造条件。

大额支付系统主要处理银行间大额资金转账，通常支付的发起方和接收方都是商业银行或在中央银行开设账户的金融机构。大额系统是一个国家支付体系的核心应用系统。现在的趋势是，大额系统通常由中央银行运行，处理贷记转账，当然也有由私营部门运行的大额支付系统，这类系统对支付交易虽然可做实时处理，但要在日终进行净额资金清算。大额系统处理的支付业务量很少（1%～10%），但资金额超过90%，因此大额支付系统中的风险管理特别重要。

3.3.2.2　脱机小额支付系统

脱机小额支付系统，亦称批量电子支付系统，主要指 ACH（自动清算所），主要处理预先授权的定期贷记（如发放工资）或定期借记（如公共设施缴费），是满足个人消费者和商业部门在经济交往中一般性支付需要的支付服务系统。支付数据以磁介质或数据通信方式提交清算所。这类系统能够支持多种支付应用，大体上可以把这些支付交易划分为两大类：经常性支付和非经常性支付。与大额资金转账系统相比，小额支付系统处理的支付交易金额较小，但支付业务量很大（占总支付业务的80%～90%），所以这类系统必须具有极强的处理能力，才能支持经济社会中发生的大量支付交易。大额资金转账系统对数量较少的专业化市场的参加者提供支付服务，而小额支付业务系统实际上对经济活动中每一个参加者提供支付服务，因此，小额支付系统服务的市场很大，产品千差万别。

3.3.2.3　联机小额支付系统

联机小额支付系统指 POSEFT 和 ATM 系统，其支付工具为银行卡（信用卡、借记卡或 ATM 卡、电子现金等）。小额支付系统主要特点是金额小、业务量大，交易资金采用净额结算，但 POSEFT 和 ATM 中需要对支付实时授信。联机小额支付系统从概念上讲，应划为批量电子支付系统范畴，但由于这类系统具有的特点，一般都单列为一类，即联机的小额支付系统。因为这类支付系统的客户一般使用各种类型的支付卡作为访问系统服务的工具，所以又可称银行卡支付系统。联机小额支付系统要求支付信息的传送要实时进行，因而它比电子批量支付系统要求有更高的处理速度，但不要求大额支付系统中那种成本昂贵的控制和安全措施。

3.3.3　电子支付系统的功能

不同的支付系统有不同的安全要求和费用要求。微付款系统类似于普通现金，而消费者级付款最可能通过信用卡或借记卡来完成。在大多数情况下，商业级付款是由直接借记或发票来完成的。通常电子支付系统具备以下的功能。

3.3.3.1 实现对各方的认证

使用 X.509 和数字签名实现对各方的认证。为了保证协议的安全性，必须对参与交易的各方身份的有效性进行认证。例如，客户必须向商家和银行证明自己的身份，商家必须向客户及银行证明自己的身份。

网络支付系统由客户、客户开户银行、商家、商家开户银行和认证机构等组成。商家的开户银行表示商家在其中有账号的某财政机构，称为接收行。支付网关是由接收行操作的用于处理商家支付信息的设备。认证机构的功能是向各方发放 X.509 证书。某些接收行也可能有自己的注册机构，由注册机构向商家发放证书，商家通过向客户出示证书向客户说明商家是合法的。认证机构和注册机构的工作应是协调的。

3.3.3.2 对业务进行加密保密确保数据的完整性

为了实现对数据的保密，系统一般都支持某种加密方案。例如，在使用 Web 浏览器和服务器时，系统可利用安全套接层 SSL 和安全的超文本传输协议 S-HTTP 完成数据交换。根据需要，加密算法可使用对称加密或非对称加密两种算法。商家一般可以利用加密和消息摘要算法进行数据的加密以确保数据的完整性。

3.3.3.3 保证业务的完整性和不可否认性

使用消息摘要算法以保证业务的完整性和不可否认性。业务的不可否认性是通过使用公钥体制和 X.509 证书体制来实现的。业务的一方发出他的 X.509 证书，接收方可从中获得发出方的公钥。此外，每个消息可使用单向 Hash 算法加以保护。发送方可使用其加密密钥加密消息的摘要，并把加密结果一同送给接收方。接收方用发送方的公钥证实发送方的确已发出一个特定的消息，然后发送方可计算一新的密钥用于下次加密消息摘要。

3.3.3.4 多支付协议支持多方交易

多支付协议应满足以下两个要求：一是商家只能读取订单信息，如物品的类型和销售价。当接受行对支付认证后，商家就不必读取客户信用卡的信息了；二是接收行只需知道支付信息，无须知道客户所购何物，在客户购买大额物品（如汽车、房子等）时可能例外。

延伸阅读：电子支付首先必须解决的法律问题

上海证券报　刘春泉 2017-08-14

（作者为上海段和段律师事务所合伙人，中国电子商务协会政策法律委员会副主任）

电子支付带来很多新问题，远比时下在热烈讨论的"拒收现金是否合法"复杂得多，亟须立法规范。电子商务支付，应通过依法设立有资质的支付机构，企业内部支付结算工具不得用于对外支付结算。

互联网巨头企业近日再度发起巨额补贴，希望尽快在全国范围实现"无现金"社会。然而，电子支付带来很多新问题，远比时下在热烈讨论的"拒收现金是否合法"复杂得多，亟须立法规范。问题是，相关法律问题现在还来不及辨析清楚。

从物理上来说，银行和网络支付机构的电子支付都表现为电磁信号（由计算机网络系统传输，服务器处理的电子支付清算指令），只不过前者是各银行的服务器通过银联服务器计算、交换支付指令；后者目前是网络支付公司的服务器直连银行的服务器。按照最新央行的政策文件安排，从明年起网络支付机构要接入网联的服务器进行支付清算处理。不管是网络银行还是网络支付机构，电子支付在物理上都是计算机终端与服务器的数据请求、处理、交换和反馈，这与货币不同。货币是由贵金属稀缺性决定的，可以直接充当一般等价物，从黄金、白银演化到当代则表现为国家强制力保障发行的纸币。电子货币如果不采取技术手段，则不存在稀缺性，如果采取技术手段，例如最近很热的所谓"区块链"技术，理论上讲有可能实现人为控制的稀缺性。当然这是个大事，还需要进一步审慎研究和论证。

目前，从法律定性上来说，网络支付机构是 IT 企业，不是金融机构（由此带来的问题是，虽然网络支付机构也受央行的监管，但对其的法律保护是否与银行相同？可能需要通过立法明确对其账户、数据库等是否参照金融机构予以保护，特别是在刑法领域），网络支付机构提供的支付，实质是电子支付指令交换，虽然对外解释账户余额也是钱，但那不过是为了消除消费者对其担心。实际支付机构和银行之间，除了支付指令数据交换，银行与支付机构之间还存在资金清算过程。电子银行则不同，银行电子账户余额被认为是替代现金的符号，使用网银与使用纸币是等同的，银行与银行之间直接实现资金清算。在刑法保护上，对金融机构刑法有特别的保护，比如犯一般盗窃罪和盗窃金融机构的犯罪，这可有天壤之别。现在网络支付机构也担心，万一遭遇盗窃犯罪造成损失巨大该怎么办。所以，虽然不是金融企业，但对于其账户、网络系统参照金融机构予以保护，是网络支付机构翘首以盼的。

如果说纸钞是对贵金属货币的虚拟，票据是对纸钞的虚拟，那么银行电子指令则又是对纸钞、票据的虚拟。数字货币，一旦发行，则可能替代纸钞发行，未来作为主要流通货币。然而，目前的银行电子指令交换系统与未来发行的数字货币之间区别和联系是什么？恐怕要先研究清楚物理上的异同，才能相应设计法律、技术和业务规则。

据我的观察，现在银行的电子支付指令和余额等信息与纸钞还是有区别的。从物理上来说，银行的余额和支付清算指令是记账手段，不是货币本身，货币是人民币，或者黄金、白银。从法律角度来说，银行对余额和交易指令、记录的认可也不像对纸币那样是绝对的。银行在实践中常有对自身电子记录的例外，比如银行对账单常常有一句"如有差错则以银行记录为准"，银行若出错把钱打入储户账号，银行大多是直接扣走，能通知储户一声就算不错了。但想象一下，如果银行误把一箱子现金送到你家里，他能又直接不声不响径直破门而入取走吗？假如纸币烧了，水泡了，达不到使用要求了，要么持有人承担损失，要么银行替换，这就是因为货币具有"无因性"：在货币所有权问题上，不问货币占有变动的原因如何，均能导致所有权变动的结果。

那么，在未来发行数字货币情况下，会发生哪些变化？

如果发行电子货币，电子货币应具备可让人信任的安全性和稳定性，不能像现在的电子记账单那样，"如果有错误以银行的记录为准"，这是难以让公众放心接受的。我近年来研究过一些公司发行的"数字货币"，其物理上就是一个个数据包，由于具体技术路径不能也不应公开披露，技术上的安全性与流通性，特别离线后怎么使用、交换、存储，上线后又怎么融入货币体系，这些都存在颇多疑问之处。据说，区块链技术有可能作为未来发行数字货币的技术路径，但货币可不仅仅是技术问题，还须考虑人类社会林林总总、千奇百怪的复杂应用场景。好在这些暂时还不是电子商务法所该考虑的，央行已设立研究机构，我们不妨静候他们的研究成果。关于电子支付部分，电子商务法只能也只需要做对接电子商务和支付的衔接性规定。

基于以上这些考虑，笔者根据对电子商务法立法的追踪和琢磨，提出以下建议：电子商务支付，应通过依法设立有资质的支付机构，企业内部支付结算工具不得用于对外支付结算。

这段话有几层含义：第一，应依法设立非金融的网络支付机构，没有依法设立的非金融支付机构不能合法从事电子商务的支付业务。这也就解决了央行管理第三方支付的主要文件"二号令"是否有上位法律依据的争议。第二，依法设立的非金融支付机构和银行的电子银行通道，都是有资质的合法的支付机构，都可以从事电子支付业务。第三，电子商务法是电商普通法，并非金融特别法，仅规定涉及电子支付的衔接性条款，电子支付业务本身，包括电子银行和网络支付机构，仍然是金融、"准金融"业务，应由央行等金融监管机构依照金融法律监管，业务管理也相应适用金融的法律法规。第四，企业内部的支付结算工具，例如常见的 Q 币、其他网络游戏币、道具等虚拟币，不能用于购买实物商品和服务的支付结算。第五，比特币等非国家发行的虚拟货币，违反央行关于人民币是法定货币的规定而不具有合法性，不能用于支付清算。

第 4 章　网络银行

4.1　网络银行的发展

4.1.1　网络银行发展的原因

网络银行起源于美国，第一家网络银行 SFNB（Security First Network Bank，安全第一网络银行）作为网络银行的开路先锋于 1995 年在亚特兰大露面，此后迅速蔓延至互联网覆盖下的各个国家，究其原因大致包含以下几个方面：

第一，网络高速接入技术不断发展和成熟，各类专线数据网和光纤网逐渐在世界各地展开，并迅速向偏远地区延伸。无线网络技术以及通过卫星进行网络直播的技术的研制成功，为低成本地实现边远山区的信息传输和建立统一的全球卫星通信网络奠定了基础。所有这些，都为网络银行的迅速发展提供了技术支持。同时安全保密技术，以及行业内部专用网络与公共网络接口安全技术等网络安全技术不断完善，一系列加密软件和控制硬件的研制成功、各种安全协议标准的出现、数字签名等技术的日益普及和规范，为网络银行的发展提供了安全保障。

第二，电子商务的发展构成了网络银行的社会商业基础，而互联网的普及、网络用户的壮大则构成了网络银行的客户基础。电子商务的发展，既要求银行为之提供相配套的网络支付系统，也要求网络银行提供与之相适应的虚拟金融服务。从一定意义上讲，所有网络交易都由两个环节组成：一是交易环节，二是支付环节。前者在客户与销售商之间完成，后者需要通过网络银行来完成。显然，没有银行专业网络的支持，没有安全、平稳、高效的网络支付系统运作的支撑，就不可能实现真正意义上的电子商务。而互联网已经遍及全球约 200 个国家和地区，网络用户正以不可阻挡的势头迅猛发展着，而网络银行的客户，虽然这十几年也在飞速增长，但仍有很大的发展空间，所有这些上网用户，都构成了网络银行的庞大的潜在客户群，而网络银行在未来的发展任务，就是以更好的服务去争取他们。

第三，网络银行发展的最根本的原因，既是出于对服务成本的考虑，又是出于对行业竞争优势的追求，即来自银行业内部发展的原因。20 世纪 90 年代以来，随着金融全球化、自由化的出现和金融创新的发展，金融领域的竞争日趋激烈，金融风险不断增加。为改善交易条件以提高效率和增强竞争力，出现了全球范围内金融业的网络化浪潮。而网络银行则顺应了这一趋势，降低成本的同时提供更优质的、高效的服务。

4.1.2 网络银行的发展历史

网络银行划分为 3 个阶段：第一个阶段是 20 世纪 50 年代到 80 年代中后期，为计算机辅助管理阶段；第二个阶段是 20 世纪 80 年代中后期到 90 年代中期，为银行电子化阶段；第三个阶段是从 20 世纪 90 年代中期至今，才是真正意义上的网络银行阶段。

4.1.2.1 计算机辅助管理阶段

初期计算机逐渐在一些发达国家的银行业务中得到应用，但是，最初银行应用计算机的主要目的是解决手工记账速度慢、提高财务处理能力和减轻人力负担的问题。早期的金融电子化基本技术是简单的脱机处理，主要用于分支机构及各营业网点的记账和结算。到了 20 世纪 60 年代，金融电子化开始从脱机处理发展为联机系统，使各银行之间的存、贷、汇等业务实现电子化联机管理，并且建立起较为快速的通信系统，以满足银行之间汇兑业务发展的需要。20 世纪 70 年代，发达国家的国内银行与其分行或营业网点之间的联机业务，逐渐扩大为国内不同银行之间的计算机网络化金融服务交易系统，国内各家银行之间出现通存通兑业务。20 世纪 80 年代前期，发达国家的主要商业银行基本实现了业务处理和办公业务的电子自动化。在这一阶段，商业银行出现了两次联机高潮，一次是在 20 世纪 60 年代，使各商业银行的活期存款可以直接经过计算机处理传输到总行，加强了商业银行的内部纵向管理；另一次是在 20 世纪 80 年代，实现了水平式的金融信息传输网络，电子资金转账网络成为全球水平式金融信息传输网络的基本框架之一，为网络银行的发展奠定了技术基础。在这一阶段还出现了一种电话银行，兴起于 20 世纪 70 年代末的北欧国家，到 20 世纪 80 年代中后期得到迅速发展。电话银行是基于电话通信技术的发展而出现的金融服务品种的创新结果。然而，电话银行服务存在着其自身难以克服的缺陷，最大的缺陷之一是迄今依然主要依靠语音识别、记录系统提供金融服务，这给客户带来了诸多不便。

4.1.2.2 银行电子化阶段

商业银行逐渐将发展的重点从电话银行调整为 PC 银行，即以个人电脑为基础的电子银行业务。20 世纪 80 年代中后期，在国内不同银行之间的网络化金融服务系统基础上，形成了不同国家之间不同银行之间的电子信息网络，进而形成了全球金融通信网络。在此基础上，各种新型的电子网络服务，如在线银行服务（PC 银行）、自动柜员机系统（ATM）、销售终端系统（POS）、家庭银行系统（HB）和企业银行系统（FB）等也就应运而生了。随着银行电子化的发展，电子货币转账逐渐成为银行服务的主要业务形式。所谓电子货币，就是以电子信息的形式取代传统的现金支付和票据转账结算，从而形成的电子资金转账系统。电子货币以分布在金融机构和服务网点的终端机及计算机网络为物质条件，以提款卡、信用卡和电子支票等形式为媒介，使货币以电子数据的形式在银行网络间进行传递，从而形成电子货币流通体系。

4.1.2.3 网络银行阶段

起源于 20 世纪末 90 年代中期，在互联网的商业性应用过程中逐渐出现了网络银行。尽管网络银行与计算机辅助银行管理和银行电子化都是在电脑及其通信系统上进行操作的，但是，网络银行的软件系统不是在终端上运行，而是在银行服务器上运行，因而使网络银行提供的各种金融服务不会受到终端设备及软件的限制，具有更加积极的开放性和灵活性。因此，网络银行与企业银行、家庭银行、电话银行、自助银行和无人银行等不属于同一个概念，前者比后者具有更强的服务适应性和开放性。简单地说，网络银行既不需要固定场所，也不需要在电脑中预先安装相应软件，它在任何一台电脑上都能进行金融服务的交易。银行服务的整体实力将集中体现在前台业务受理和后台数据处理的一体化综合服务能力及其整合技能上。信息技术是网络银行发展的支撑条件，但仅有信息技术又是不够的，在网络银行阶段，银行业最缺少的不是技术，也不是资金，而是经营理念和经营方式。因此，如何使银行业适应信息技术的发展而发生改变，比对信息技术的单纯应用更为重要。网络银行发展到今天，已经表现出了传统银行所无法比拟的全天候、个性化的竞争优势，在实践中不断克服种种弊端而走向成熟和完善。

4.2　网络银行概述

4.2.1　网络银行的含义

网络银行又称在线银行或网络银行，是指银行利用 Internet 技术，通过 Internet 向客户提供开户、销户、查询、对账、转账、信贷、网络证券和理财投资等传统服务项目，使客户可以足不出户就能够安全便捷地管理和定期存款、支票、信用卡以及个人投资等。虽然网络银行仍处在高速发展的过程中，其标准和发展模式还处在演变中，目前很难给其一个规范的定义，但是结合欧美现有的一些定义和实践来看，网络银行可以分为广义和狭义两种。

广义的网络银行是指在网络中拥有独立的网站，并为客户提供一定服务的银行，这种服务可以是：一般的信息和通信服务、简单的银行交易、所有银行业务。广义的网络银行几乎涵盖了所有在互联网络拥有网页的银行，尽管这种网页有可能仅仅是一种信息介绍，而不涉及具体的银行业务。

狭义的网络银行是指在互联网络开展一类或几类银行实质性业务的银行，这些业务必须是简单的银行交易或所有银行业务，一般都执行了传统银行的部分基本职能。

目前我国的金融监管机构采用的是狭义的网络银行定义：网络银行是指在互联网络建立网站，通过互联网向客户提供信息查询、对账、网络支付、资金转账、信贷、投资理财等金融服务的银行。

4.2.2　网络银行的特点

4.2.2.1　服务多样化

网络银行不面对面与客户接触，一切交易和沟通是通过互联网和电话进行，这就要求网络银行的营销理念从过去的注重一般性金融产品开发和管理，转移到以客户为核心，根据每个客户不同的金融和财务需求，"量身定做"个人的金融产品并提供银行业务服务。网络银行要将客户作为一个个人来对待，在为客户解决金融疑问和困难的时候，使客户感到解决的方案是按照自己的想法和愿望形成的，并且最适合自己的需求；同时也要使客户感到自己拥有自由和灵活控制的资金，这是成熟市场消费者的要求。

4.2.2.2 技术依赖度高

由于网络银行是以技术为基础的银行，因此技术力量要雄厚，对计算机系统软件的开发、应用和管理能力要强。网络银行的全部业务，如贷款申请、发放信用卡和开设存款账户等均通过互联网进行并有系统软件处理。因为计算机软件系统是网络银行顺利运作的核心，所以它的维护和管理显得十分重要。

4.2.2.3 配套基础要求高

首先网络银行的平稳运作需要高度发达的通信设备支持；其次，需要技术和开发能力强、了解银行业务的计算机软件公司，互联网服务提供商及数据处理和存储公司的通力合作；最后，社会资信咨询公司则是网络银行的业务运作，特别是贷款业务运作的重要保证。它不仅是网络银行，也是西方国家商业银行进行个人风险评估和控制的重要手段之一。

4.2.2.4 成本低

网络银行无分支机构，人员少，通信费用低，操作无纸化，成本控制有效，产品价格竞争力强，其利率比一般的商业银行低1/4。在网络环境下，网络具有成本低廉、费用节省的特点。一方面，从网页的成本来看，网络具有成本低廉的特点和优势。在网络环境下，网页的成本非常便宜。在纸张紧张、昂贵时，网页的优点格外明显。因为与印刷出版物不同，网页只是一种电子出版物，建立网页并不需要纸张。另一方面，从网络金融开办、经营和管理的费用来看，网络具有费用节省的特点。例如，与传统银行相比，网络金融的开办费用低廉。在美国网络银行的开办费只有传统银行的1/20。网络金融的业务成本只有传统银行的1/12。传统银行的成本占收入的比例一般为60%，而网络金融的这一比例仅为15%~20%。1995年全球第一家网络银行——美国安全第一网络银行创立的全部费用为100万美元，相当于传统的金融业开办一个分支机构。同时其规模化效应更加明显。

4.2.2.5 高效率

网络银行的业务换作可以形象地比喻为一条生产流水线。因此，员工之间、员工与上司之间及各部门之间要建立沟通和协调的渠道和机制，同时各部门要大量收集客户及有关信息，通过内部信息网络管理系统，进行信息共享（这也包括社会信息的共享），以达到提高效率的目的。

4.2.2.6 服务便捷

由于网络银行所拥有的技术和计算机软件系统优势，使其能承诺并保证为客户提供一天 24 小时、全年 365 天的全天候服务，并且最大限度上减少对空间、方式的限制，真正实现超越时空的"AAA"式服务，即在任何时间、任何地点、任何方式实现服务。

4.3 网络银行的模式和功能

在了解网络银行的发展历程、定义和基本特征后，有必要进一步认识网络银行的发展模式和主要业务。就网络银行在过去十多年的发展历程分析，网络银行的发展模式可以分为分支型网络银行和纯网络银行，而业务则可根据新技术的应用程度划分为基础网络银行业务和新兴网络银行业务。

4.3.1 网络银行的发展模式

4.3.1.1 分支型网络银行

分支型网络银行是在传统的"砖墙式"银行基础上，通过建立互联网门户站点以提供银行服务的网络银行。分支型模式的网络银行是目前网络银行主流的发展模式，约有 90% 以上的网络银行属于分支型网络银行。从功能上看，分支型网络银行相当于银行的"互联网分行"或"互联网营业部"，既为其他非网络分支机构提供辅助服务，如账户查询、转账汇款等，又能够单独开展业务，如网络支付。分支型网络银行不能脱离传统银行，仍然需要依托传统银行分支机构，部分业务必须由柜台完成，例如开立银行账户。

根据具体的发展模式，分支型网络银行可再细分为以下两种模式：

（1）延伸模式。延伸模式是指将传统银行相关业务转移到互联网。这是当前世界范围内网络银行主流的发展模式。伴随着信息与通信技术的发展，转移至互联网的业务越来越丰富，从最初单一的查询业务发展到现在的转账汇款、网络支付、信用卡等业务。这种模式的典型代表有美国的富国（Wells Fargo）银行。它在 1992 年便开始建设其银行网络和以网络银行服务为核心的信息系统。我们所熟悉的国内各大商业银行的网络银行，也属于这种模式。

（2）并购模式。并购模式是指银行通过收购现有的网络银行（主要是纯网络银行），以迅速开展网络银行业务或提高市场份额。就网络银行发展历程看，大银行往往不如区域性小规模银行积极和富有创造性，直到对整体形势有了足够认识后，银行巨头才根据自身的核心竞争力采取相应的发展模式。因此，并购模式符合这一发展策略。例如，1998 年 10 月加拿大皇家银行（Royal Bank of Canada，RBC）通过并购安全第一网络银行（SFNB）成功地进入了美国金融市场。通过此次收购，RBC 不仅扩大了其在美国金融市场的份额，还以较低的成本将业务拓展到新兴的网络银行领域。

4.3.1.2 纯网络银行

纯网络银行是指仅以互联网为依托提供银行服务的网络银行。纯网络银行与分支型网络银行的最主要的区别在于它不依赖于实体银行柜台，也没有分支机构。目前这种模式的网络银行为数不多，主要集中在北美和欧洲等发达地区。由于纯网络银行没有分支机构，所以其客户一般来自其他银行的客户群。因此，纯网络银行在提供网络金融服务时，特别注重产品和服务的差异性。例如，通过提供较高的利息吸引客户，对各种在线服务采取低价或者免费策略。我国尚没有纯网络银行，现有的网络银行都是依赖于传统银行一样的分支型网络银行。

从美国的纯网络银行实践来看，有两种不同的发展理念。一种是全方位发展模式，另一种是特色化发展模式。

（1）全方位发展模式。采用全方位发展模式的网络银行提供传统银行的所有柜台式服务项目。这些银行的管理层认为纯网络银行并不存在局限性，而认为伴随着信息技术的逐步完善，纯网络银行最终将完全取代传统银行。采用全方位发展模式的银行，致力于开放新的网络银行服务，以满足客户的多样化需要。

（2）特色化发展模式。采用特色化发展模式的网络银行侧重于互联网的特色业务，而不是提供所有柜台式服务。这些银行的管理层认为纯网络银行具有局限性，不可能如传统银行一样提供全面的服务，例如现金管理服务、安全保管箱等。因此，他们认为纯网络银行只有提供特色化服务才能在竞争中生存，只提供在线存款服务，特色在于存款利息较高。当然，我国的存款利率尚未完全市场化，各商业银行必须执行央行的利率政策，暂不能自行决定存款利率。

4.3.1.3 两种发展模式的区别及评价

从本质上讲，分支型网络银行属于金融创新，银行应用信息技术成功地改变传统柜台业务的实践；纯网络银行属于金融分化，是基于互联网的新型金融机构。就实践分析，纯网络银行发展并不顺利。以 SFNB 为例，激烈的市场竞争导致了其于 1996 年和 1997 年连续两年亏损，最终被加拿大皇家银行收购。而分支型网络银行则能充分发挥现有客户基础等优势，并结合互联网技术以实现金融创新，因此发展迅猛。虽然 SFNB 没有取得巨大成功，但它探索并尝试了互联网这一新型银行渠道，也促进了传统银行通过互联网开展业务，对网络银行的发展有着不可忽视的作用。

4.3.2 网络银行的功能

从金融服务的角度看，网络银行一般具备四个方面的功能。

4.3.2.1 信息发布和展示功能

网络银行依托于迅速发展的互联网，摒弃了传统的柜台式服务，强化了信息的流通和交换，其通过网络发布的信息包括公共信息和客户私有化信息。

（1）公共信息发布和展示。网络银行发布的公共信息一般包括银行的历史背景、经营范围、机构设置、网点信息等。通过公共信息的发布，网络银行向客户充分展示其自身的基本情况和优势，提供有价值的金融信息，既可以起到良好的宣传作用，又可以为用户提供全面而便捷的信息，让用户得到最好的体验。

（2）客户私有信息发布。网络银行可以通过互联网灵活的门对门服务，向客户传送私有信息，如向企业事业单位和个人客户提供其电子账号管理、账户余额及记录查询信息以及其他与银行业务直接相关的信息。

4.3.2.2　网络支付功能

网络银行的网络支付功能主要是向客户提供互联网络的资金实时结算功能，是保证电子商务正常开展和进行的关键性基础，也是网络银行的标志性功能。

（1）网络银行的网络支付内容包括转账和支付中介业务。转账是指客户可以在自己名下的各个账户之间进行资金划转，一般表现为定期转活期、活期转定期、汇兑、外汇买卖等不同币种、不同期限资金之间的转换，主要目的是为了方便客户对所属资金的灵活运用和账户管理。支付中介业为网络各项交易的实时划转业务提供了支付平台。客户可以办理转账结算、缴纳公共收费、发放工资、银证转账、证券资金清算等以及包括商户对顾客商务模式下的购物、订票、证券买卖等零售交易，也包括商户对商户商务模式下的网络采购等批发交易，这类服务真正地实现了不同客户之间的资金收付划转功能。

（2）网络支付系统按照所依赖的支付工具的不同，可划分为三种，即信用卡支付系统、数字现金支付系统和电子支票支付系统。信用卡是网络经济条件下人们进行日常消费的一种常用支付工具，因而也就自然成为网络银行开发网络支付系统的首选工具，目前有三种形式的信用卡网络支付模式。数字现金是一种表示现金的加密序数列，可以用来表示现实中的各种金额币值。与前两种网上支付方式相比，电子支票的出现和开发较晚。电子支票使得买方不必使用写在纸上的支票，而是通过屏幕上的支票进行支付活动。电子支票几乎有和纸质支票同样的功能。一个账户的开户人可以在网络上生成一个电子支票，其中包含支付人姓名、支付人金融机构名称、支付人账户名、被支付人姓名、支付金额；并且和纸质支票一样经过类似的认证即可生效。

4.3.2.3　网络金融综合服务功能

网络银行是在传统银行的基础上引入计算机和互联网技术的创新结果。它通过互联网的国际互联为客户提供超越时空限制的各种零售和批发的全方位综合银行业务，服务质量与银行专门派设客户经理没有差别，甚至更好。目前网络银行所提供的网络金融服务品种既存在共性，也存在差异性。其共性在于不同的商业银行对网络银行服务品种的理解不同，这种不同的理解多来自传统银行业的基础和市场规模之间的千差万别，也来自不同国家和地区银行业政策监管上的差异。

网络银行提供的服务可分为衍生网络服务和基础网络服务两大类。衍生网络服务是利用互联网的优势为客户提供大量基于互联网的全新的金融服务品种，主要包括网络支付服务、网络信用卡业务、网络理财服务、网络金融信息咨询服务等。

4.3.2.4　管理信息功能

网络银行的管理信息功能是网络银行利用计算机、信息技术的信息处理功能，实现相关的银行管理目的。具体来说包括以下几个方面：信息自动化处理功能、信息化银行管理功能、银行运行支持管理、办公自动化功能、决策支持功能、数据管理功能。

4.4 网络银行的影响和挑战

4.4.1 网络银行对传统银行的影响

4.4.1.1 网络银行产生了新的经营理念

传统的经营观念注重地理位置、资产数量、分行和营业点（办事处）的数量，而网络银行的经营理念在于如何获取信息并最好地利用这些信息为客户提供多角度、全方位的金融服务，有利于体现"银行服务以人为本"的金融服务宗旨。因此，网络银行使商业银行的经营理念从以物（资金）为中心逐渐转向以人为中心。网络银行带来的经营理念的改变，将为传统商业银行创造出新的竞争优势。

4.4.1.2 网络银行使信息资产成为真正独立意义的资产

网络银行给商业银行带来了一项重要的银行资产，经过网络技术整合的银行信息资产或金融信息资源资本。银行信息资产既包括银行拥有的各种电子设备、通信网络等有形资产，也包括银行管理信息系统、决策支持系统、数据库、客户信息资源、电子设备使用能力，以及信息资源管理能力等无形资产。银行信息资产虽然在网络银行之前就已经存在了，只是到了网络银行发展阶段，商业银行信息资产成为一种具有独立意义的银行资产，网络技术对这种资产的整合，使其成为与银行其他资产相并列的金融资产。

4.4.1.3 网络银行根本上改变了获得经济效益的方式

传统银行获得规模经济的基本途径是不断追加投入，多设网点，从而获得服务的规模经济效益。网络银行改变了这一基本的规模扩张模式，它主要是通过对技术的重复使用或对技术的不断创新带来高效益。首先，网络银行的流程使原本繁杂的商业银行业务大大简化。例如，每月营业额近10亿美元的太平洋贝尔电话公司，在传统商业银行流程操作下每天需要运出数卡车的付款单。然而，在网络银行环境下这些程序都被电子数据流取代了，只要将付款项转到贝尔电话公司的账户上即可。其次，网络银行的流程有效地降低了商业银行的经营成本。

4.4.1.4 网络银行彻底改变了传统分销模式

（1）传统的非电子化商业银行分销模式。由于传统银行普遍采用非电子化业务操作，商业银行通常通过增设网点来占领市场，所以，总分行制下非电子化的商业银行分销金融服务基本采取以总行为中心的金字塔形模型。这种分销模式的基础是从总行到低端的储蓄或代办处，形成结构层层叠加、下层网点之间横向信息相互屏蔽的纵向信息流结构。非电子化商业银行最前端的代理网点和储蓄所是整个商业银行的一线服务平台。这种信息结构的优点，是易于形成服务的规模经济效益。但是，由于信息横向屏蔽，平行组织之间信息交流较为困难，且结构过于庞大，分销前端的经营成本居高不下。

(2) 电子化商业银行分销模式。在 20 世纪 80 年代，随着金融电子化的发展，自动取款机（ATM）网和银行信用支付系统（POS）被引入各级分销机构处理终端，其作用正逐步超过传统的存取款分支网络，成为提供商品化服务的有效工具。银行内部实现电子网络信息管理，总行和分行、分行和分行、分行和分理处等分销层次之间实现电子联网而形成全行业电子数据流的闭环系统。银行各自形成庞大的信息流，提高了信息交流处理速度和工作效率。这种分销模式，实际上是建立在原有商业银行模式基础上实现电子化改造的结果。主要进步在于改进商业银行金融服务分销的信息效率和提高终端及客户端信息处理效率，提高金融服务质量，形成有利于银行服务品牌的整体形象。但是，由于电子化商业银行只是在原有商业银行服务分销框架基础上改良，虽然便捷了内部信息的纵向交流，但未能使客户和银行电子化信息互通，仍需保留分行、支行、代理处和储蓄所等分销组织机构。因此，无论在劳动力成本上，还是在机构管理成本上，或在客户交易成本上，都没有形成明显的分销成本的替代效应。电子化商业银行的另外一种分销模式是以 PC 银行的方式建立分销网络。这种分销方式是银行向客户提供专用软件，由客户安装在个人 PC 机上，通过调制解调器拨号上网，以连接电子银行的主要服务器，享受 PC 银行提供的金融服务。PC 银行分销模式省却了传统商业银行的中间分销层，通过信息技术对中间管理及分销层形成替代效应，对商业银行形成直接的交易成本替代作用。但是，由于 PC 银行的分销模式是建立在为客户 PC 机提供专用软件的基础上，免费赠送、邮寄软件，或由客户在零售店购买软件等增加了交易双方的成本。因而，这种分销模式正在逐步由被不需要增加这部分交易成本的网络银行的分销模式所取代。

(3) 网络银行分销模式。现阶段，网络银行正日益成为全球金融市场上一种全新的银行经营交易方式，它改变着传统银行的分销模式。在发达国家，网络银行的基本分销模式是在银行主服务器提供虚拟金融服务柜台，客户通过 PC 机或其他终端方式连接 Internet 进入主页，以银行主页为平台进行各种金融交易。因此，网络银行与传统银行分销模式的最大区别，在于完全省却了中间分销网络。最后，通过客户平面的中介功能，形成对最终客户群的分销。这个最终客户群是建立在信用卡平台上的客户群。网络银行的客户平面是网络银行分销的关键环节，也是网络银行对传统商业银行分销模式构成成本型竞争优势之所在。例如，网络银行为汽车代理商提供这样的服务：允许汽车代理商将其客户购买汽车需要获得什么样利息的汽车贷款的需求挂在网络银行的主页下，网络银行在限定时间内为代理商提供符合最终客户（消费者）要求的金融服务品种网络银行为保险经纪人提供其服务品种的宣传和推介网络栏目，再通过其客户平面上的其他代理商，如房地产代理商或股票代理商，来获得投保人的需求信息，在限定时间内为保险经纪人提供他所要的需求信息，网络银行从中获得佣金收入。与传统银行相比，网络银行分销模式的显著特点是完全省却了中间分销环节。分销网点多意味着职员众多、机构复杂、运作成本高。在网络银行条件下，无须再设定大量分销网点，其中的沉淀资本可得到节约，网点约束已不再成为银行服务发展的制约条件。

4.4.1.5 网络银行改变了传统的人力资源管理战略

商业银行人才培养和培训的方向从基于单纯的业务技能培训，转变为基于综合商业服务理念和全面服务素质培训。网络银行需要大量的复合型人才。这些复合型人才应既熟悉银行业务的各种规范和作业流程，又能够熟练掌握和应用信息技术。网络银行以产品为导向转为以客户为导向，并根据客户要求去设计具有个性化的金融产品。

4.4.2 网络银行的风险和管控

4.4.2.1 网络银行面临的风险

网络银行在提供更为快捷和高效服务的同时也带来了新的风险。根据艾瑞 2008 年的报告，约有 68.3% 的受访者因为安全性考虑拒绝使用网络银行。银行本身是高风险行业，因此网络银行除了具有传统银行在经营过程中面临的市场风险外，还面临着由信息网络技术平台和提供虚拟金融服务带来的特有风险。巴塞尔银行监管委员会于 1998 年指出操作风险、信誉风险、法律风险是网络银行面临的主要风险。

（1）操作风险。在网络银行系统中，操作风险主要指由于系统可靠性或完整性的重要缺陷而造成的潜在损失，可能是由于网络银行系统不恰当的设计，也可能是由于客户误操作。操作风险主要有以下三种表现形式。

第一，安全性风险。安全性风险包括了黑客攻击风险、内部员工非法侵入风险、数据安全风险和病毒破坏风险。黑客可以通过互联网攻击银行的信息系统，有可能删除和修改网络银行的程序，窃取银行及客户信息，甚至非法转账。例如，2005 年 6 月 17 日，万事达国际信用卡公司证实，一家第三方服务公司遭受黑客攻击，导致了近 4 000 万用户资料的泄露。虽然这并不是专门针对网络银行的攻击事件，但也说明了黑客攻击的危险性。内部员工则可能非法利用其访问权限窃取客户的信息，甚至盗窃客户在银行的存款。病毒破坏，例如蠕虫、木马等病毒的侵入破坏，有可能导致拒绝服务、篡改网页、网络银行瘫痪等问题。

第二，系统的设计运行与维护风险。系统设计的风险指网络银行所采用的系统并没有进行良好的设计或安装。例如，如果客户终端软件与银行使用的系统无法兼容，将导致信息传输失败。一个典型例子是，目前国内主要商业银行都根据用户使用的主流浏览器 Internet Explorer 来建设其网络银行系统，而不是针对其他浏览器。这就是为了避免出现技术选择风险。

第三，客户误操作风险。如果网络银行没有预先告知客户有关注意事项，则客户可能会进行不恰当的操作，或有意地"错误"操作。倘若此时缺乏有效的技术手段来取消错误操作，客户的交易就可能生效，银行将因此蒙受损失。

（2）信誉风险。信誉风险是指网络银行未能满足客户的意愿，使公众对银行产生负面效应而造成损失的风险。网络银行的信誉风险一般表现以下三个方面。

第一，系统存在技术缺陷，客户无法登录系统或者账户信息受损，消息扩散后可能会导致客户对网络银行的不信任。例如，2008 年 6 月 30 日，汇丰银行网络理财业务出现故障后，客户无法登录网络银行系统，受影响的客户不能进行任何网络交易。汇丰银行这一次故障还导致了与其系统相连的恒生银行网络银行的系统故障。从故障表现推断，该故障应该来自于内部的计算机系统。国内学者王维安指出，银行业的磁盘阵列破坏 1 小时的平均损失将达 29 301 美元。

第二，系统存在重大的安全缺陷，黑客侵入或者病毒被植入银行系统，造成数据破坏，系统紊乱或损毁，致使大批客户失去对该行的信任而流入他行。

第三，由于网络银行一般使用同种或相似的系统或产品，一旦某家银行出现问题，用户就会猜疑其他银行也将出现同样问题，从而有可能降低网络银行业的整体可信性。

（3）法律风险。法律风险是指有关网络交易的法律法规相对于网络银行和电子货币的发展滞后。当网络银行发生交易纠纷时，现行法律并无明确规定或规定不够清晰，致使当事人无法分清各自责任，因此得不到法律的保护。由于网络银行属于新兴业务，有关法律法规的不健全或尚未确立，必然导致交易的失效性及各方的权利义务不明。这主要表现在一些国家尚未有配套的法律法规与之相适应，银行无法可依；或者是有相关法律但很不完善；另外各国关于网络银行立法进度不完全一致，也增加了跨国经营网络银行的法律风险。

4.4.2.2　风险管理

一般认为，风险管理应从评估风险、管理和控制风险、监控风险三方面入手。

（1）评估风险。评估风险应持续进行，一般包括以下三个步骤：首先，应通过严格的分析过程以确定风险及量化风险。当不能量化风险时，管理层则应确定潜在的风险可能会以何种方式出现，以及该采用哪些应对措施。其次，确定银行的实际风险承受能力。最后，管理层通过比较其实际风险承受能力与其评估的可能风险程度，以确定可能的风险程度是否在可承受范围内。

（2）管理和控制风险。完成评估风险工作后，网络银行管理层应该采取合理有效的措施来管理和控制风险。风险管理程序一般包括以下内容：实施安全策略和措施、测评及升级产品和服务、信息披露和客户培训等。网络银行的管理层应当保证风险控制的部门独立于业务部门，以保障管理和控制风险的效果。

（3）监控风险。得益于技术创新和金融创新，网络银行业务和产品更新速度较快。创新一方面能够提升网络银行的竞争力，另一方面也要求网络银行提高监控风险的能力。监控风险包括系统测试和监视、审计两方面内容。监视属于被动监控，而系统测试属于主动监控。两者结合才能够最大限度地减少网络银行的风险。审计人员的任务就是保障银行制定了恰当的标准、策略和程序，并确保其始终遵守这些规定。

政府通过立法，科学、合理、准确地界定网络银行与客户之间的新型法律关系，明确双方的权利义务及法律责任，这样可以有效阻断网络银行和客户之间的法律冲突，彻底改变现在网络银行与客户间各种复杂关系无法可依的混乱局面。目前国际巴塞尔委员会及各国银行监管机构正关注网络银行的发展并进行研究，但尚未就此立法进行监管。网络银行的监管更加需要各国中央银行在全球范围内的通力协作及国际银行监管组织的协调。

延伸阅读：银行物理网点"热闹"不再，未来何去何从？

中国电子银行网　王晓丽　2017-08-10

"上次去银行已经不记得是什么时候了，我感觉一年最多也就去银行一两次。以前存取款、转账、买理财产品、生活缴费等都需要去银行网点的柜台办理，现在这些基本都可以通过手机完成。"北京市民王先生告诉中国电子银行网小编。

王先生的情况并非个例，而是众多市民生活方式的一个缩影。数据显示，已经有15家银行的离柜业务率超过了90%，从近3年的数据来看，银行物理网点的数量增速在放缓、柜员配备情况也在逐年递减。

银行物理网点繁华褪去

近年来，随着互联网金融和移动支付的持续发展、场景化金融消费渠道的不断增多，消费者行为模式和消费需求正不断发生改变，去银行物理网点的频率越来越低。由此，业界引发了银行网点是否会灭亡以及是否仍然具有存在价值的激烈讨论。

一类观点认为，一方面经营场所带来的成本压力也不言而喻；另一方面，以人工智能和移动互联网为核心技术的金融科技正给银行业带来颠覆性变化，物理网点最终会消亡，目前没有物理网点的银行早已存在，如前海微众银行和网商银行。

另一类观点认为，物理网点扩张时代结束，但并不意味着银行网点就已经无存在价值，一方面庞大的网点能带来稳定的获客和销售渠道；另一方面，在互联网无法普及的偏远地区、受教育程度相对低的人群以及中老年群体中，物理网点依然扮演着重要的角色，只是银行物理网点总体而言因地制宜地进行转型。

无论是哪种说法，随着网络金融及大数据应用的增加，理财、贷款、支付转账都可以在网上进行，传统实体网点功能进一步弱化已是事实。《2016年中国互联网金融发展报告》预测，10年内，银行业势必将从线下为主到线上线下结合再发展到以线上为主。

2017年银行网点转型，出路在哪里??

网点是银行服务客户和经营管理的前沿阵地，也是最昂贵的经营渠道和主要的成本中心。为压降成本、提高效益，众多银行都采取多种举措，积极推进网点转型。下面，我们来看一下一些典型银行是如何做的。

ING Direct：全球最早的咖啡馆银行

ING Direct是由荷兰国际集团于1997年在加拿大首创的直销银行，其品牌建设强调与行业传统模式的脱离，实践中，通过线下的ING咖啡馆支持线上业务。

ING Direct在品牌营销方面走上了与银行业传统模式不同的道路，它不设实体经营网点和ATM机，而是在关键城市，如洛杉矶、纽约、多伦多等设立具有理财顾问功能的咖啡馆，作为其主要的线下服务网点。

ING Direct咖啡馆的主要特色有：通过计算机终端，消费者可以登录账户，咖啡吧提供免费的互联网接入；将咖啡馆店员都受过专业培训，能够以没有术语的方式与客户沟通对话，为客户提供相关的金融服务建议；咖啡吧提供品牌标示的纪念品，并可以出租，以在更广范围内推广 ING Direct 品牌。

Poalim Digital：一个银行员工都没有的银行网点

Hapoalim（以色列工人银行）是以色列的第一大银行，"Poalim Digital"是以色列工人银行在特拉维夫市开设的一家银行网点，也是以色列第一家全数字化网点，即便在全球范围内也是罕见的一个典型示范。

这个新的网点是真正意义上的智能网点，旨在重新定义客户的金融体验。它的厅堂只有先进的自助机具，完全没有任何一个银行的员工，网点内肉眼所及的范围内，没有一张纸。Poalim Digital 虽然没有员工在场服务，但却号称可以让客户完成绝大多数需要在银行传统网点才能办理的业务。他们让那些需要人工办理、审核的业务全部通过平板电脑、智能手机、智能手表、数字屏幕墙和交互式数字工作站来实现。

例如，客户可以通过银行的 APP 预约银行家面谈，蓝牙检测器也可以感知客户何时进入网点并自动发送通知给银行员工，而银行员工的智能手表也能让其知道现场的哪些客户需要帮忙，并向他们请求了援助。还有一些诸如现场即时、双向的视频聊天，为客户提供有效的投资咨询服务等亮点。

Poalim 还有一个数字化商店，内置在墙上的交互式触摸屏中，能让客户自行探索银行的产品和服务。除此之外，桌面同样是一个数字化触摸屏，能让银行员工和客户进行互动。

运通银行：打造基于社区经营的 O2O 社交银行

社区范围内银行与客户的接触点仅有网点，客户触点少，另一方面客户多数聚集在社交平台。这就需要解决网点客户拓展与经营的问题，即如何更积极主动地获客？如何快速且大量在网点周边集客、获客？如何创造高频持续的客户互动？如何让客户更愿意参与到银行的活动中？如何利用移动互联网联盟社区商户，共同为小区提供生活服务？

所以，利用移动互联网技术和社交媒体技术，构建一个基于社区经营的 O2O 社交银行平台，导入并发展"社交平台+网点"的客户关系创新经营模式，或许是大多数银行的最佳选择。

在美国，社交银行已经有所实践并日趋成熟。例如，美国运通银行很早就开始社交网络的推广和运营，并不断开展在社交网络的品牌影响力和各种营销活动。美国运通自己搭建社交平台，持续关注社交互动，不仅关注客户本身，也关注银行的合作伙伴，反而不是银行自己。它提供巨额奖励和推广活动凝聚粉丝核心群体，如举办为其 Facebook 主页点赞等有奖活动，想方设法把 Facebook 主页变成娱乐中心，而不仅是信息中心。

2010 年，美国运通推出一个"小商业星期六"的简单活动，初衷是鼓励消费者在本地商店多消费，推出后大受欢迎，仅三个星期就增加了 100 多万粉丝。美国运通认识到，社交网络的营销潜力十分巨大，因此在 Facebook、Twitter、Youtube 上不断加大投入。

富国银行：面积仅为传统网点 1/3 的迷你网点大行其道

一个传统的富国银行网点，占地面积通常在 3 000~4 000 平方尺之间，这种新型的小网点面积在 1 000 平方尺（约合 111 平方米）左右，在富国银行内部，他们称之为"邻里银行"，与大多数新概念网点一样，富国在这类迷你网点内实现了全程无纸化办公，迷你网点的各种各样的自助机具，可以实现开卡、存取款、电子回单等一系列业务的自助办理。

同时，能洞悉客户需求的 ATM 也被引入到迷你网点中。这种新型 ATM 的创新点在于其触控界面上有一列"收藏夹"，通过运用预测分析，ATM 机可根据客户过往办理的业务交易和客户喜好，从而展示客户所想。

但是富国银行强调，客户前来网点并不希望只与机器对话，与银行员工的一对一沟通也非常重要。所以，富国一方面提供多种自助机具、免费 Wifi，另一方面也设立了相对私密的理财室。

平均来看，这种迷你网点的建设及运营成本约为传统网点的 50%~60%，这意味着当富国银行可以用一个传统网点的成本开设两个深入社区一线的迷你网点。

第 5 章　网络证券

5.1　网络证券的发展

网络证券市场是随着计算机互联网技术的发展，及其在证券的发行与交易等业务活动中广泛运用而形成的一种新的证券市场形式。因此，在网络证券市场与传统的证券市场之间存在密切而自然的联系，它的形成与发展只是传统证券市场的形式演变与发展的新阶段。具体而言，网络证券市场的形成与发展主要经历了三个时期。

5.1.1　网络证券的萌芽时期

网络证券早期被称作电子证券，这一名词最早在 20 世纪 60 年代出现在美国电子证券挂牌交易的"第二市场"上。由于当时电子计算机刚刚问世不久，价格昂贵，只有美国、日本、英国、德国等先进国家为数不多的交易所和证券公司采用，其数据化程序的应用只局限于交易所和证券公司内部信息处理及清算业务。20 世纪 60 年代后期，美国和日本推出了计算机联机处理控制系统，这一新技术出现以后，分别被纽约证券交易所、日本东京证券交易所等大型交易所和公司采用，并将总部的中央处理机与一些主要的分支机构的计算机联成网络。利用计算机联网向各分支机构传送证券交易信息和即时指令，管理公司账户、进行会计核算以及整理通报信息。从此，证券交易业务发生了根本的变化，逐步改变了过去那种手工操作的局面。

5.1.2　网络证券的形成时期

20 世纪 70 年代后，随着计算机的推广和普及，带来了证券市场资本虚拟化信息流通的革命，从而加速了电子证券的迅速深化与形成。1971 年美国创建了世界第一家网络化证券市场，即纳斯达克（NASDAQ）证券市场。纳斯达克证券市场由两部分组成：一是全国市场（National Market System，简称 NMS），也称为主板市场或一级市场；二是小型资本市场（Small Order Execution System，简称 SOES），也称第二板市场或二级市场。纳斯达克证券市场的创立，既标志着网络证券的兴起，同时又继承了传统证券市场的优良传统，实现了资本运作与现代技术的交融。

5.1.3　网络证券的发展时期

当历史进入 20 世纪 90 年代后，信息网络革命使整个世界发生了翻天覆地的变革。1992 年，在历时 5 年的研究开发之后，芝加哥商品交易所、芝加哥交易会和英国"路透社"（Reuters）共同推出了一个称为 Globex 的全球交易执行系统。从此这两个交易所的成员便能够全天候地同全世界任何地点进行期货合同和其他证券交易。这一系统的运营不仅把一国内的证券网联通起来，而且通过 Internet 和通信网将世界多国的金融网联通。到 1993 年这一系统已联通 120 多个国家，安装了几十万个终端，经营几百种世界级证券和上万种美国、欧洲乃至世界各国的股票，从而标志着无国界的网络证券市场已经形成，也标志着网络证券已进入网络化的发展时期。

5.2　网络证券概述

5.2.1　网络证券的概念

顾名思义，网络证券就是在网络开展证券业务。证券是各类财产所有权或债权凭证的通称，是用来证明证券持有人有权依票面所载内容，取得相应权益的凭证。证券按其性质不同，可以分为证据证券、凭证证券和有价证券三大类。本书所讲的网络证券是指在网络开展的有价证券业务，有价证券本质仍然是一种交易契约或合同，不过与其他证券的不同之处在于：任何有价证券都有一定的面值；任何有价证券都可以自由转让；任何有价证券本身都有价格；任何有价证券都能给其持有人在将来带来一定的收益。从实物上来讲，符合上述特征的有价证券有股票、基金、债券及其衍生品等。因此，网络证券又分为网络股票、网络基金、网络债券等，就是说网络证券是网络股票、网络基金、网络债券等的总称。

网络证券是电子商务条件下的证券业务的创新，是证券业以 Internet 网等信息网络为媒介，为客户提供的一种全新商业服务。从服务内容上讲，网络证券包括有偿证券投资资讯（国内外经济信息、政府政策、证券行情）、网络证券投资顾问、网络证券发行、网络证券买卖、网络证券推介等多种投资理财服务活动。因此，从概念上讲，网络证券有广义和狭义之分。广义上的网络证券包括了上述所有的服务内容，是指投资者通过互联网来得到证券的即时报价、获取相关投资咨询信息、分析市场行情并利用互联网下单到实物证券交易所或网络虚拟交易所，实现实时交易的买卖过程。狭义的网络证券指的仅仅是网络证券交易，即投资者利用互联网通过券商网络交易系统进入实物交易所进行交易，就是我们通常所说的"网络证券交易"。它一般是指客户利用计算机等在线或无线设备发出交易指令，通过互联网传递到证券公司或其营业部，或者通过互联网进入网络服务提供商 ISP（Internet Service Provider）设置的券商服务器，再通过券商网络将指令发送到交易所进行交易。这种交易方式不是完全在互联网络进行的，实际上是一种准网络证券交易。这也是目前我国网络证券交易的唯一模式。

5.2.2　网络证券的特征

网络证券于证券业而言影响尤其重大。

第一，无可限量的信息资源，加快证券市场信息流动速度，提高资源配置效率。

由于互联网的迅猛发展使得信息传播的速度以及信息量都有了很大的提高，网络证券交易能够提供给投资者更全面快捷的资讯服务。投资者通过互联网做出投资决策时，可以获得详细的咨讯。

第二，证券市场范围将大幅度扩大，并打破时空界限。理论上说，证券商只要拥有一个网址就可以无限扩大自己的客户群体，这些客户可以是同城的也可以是异地的，甚至可以来自不同的国家。以往证券投资者主要集中在大中城市，网络证券却使得越来越多的中小城镇和农村居民有可能加入到证券投资者的行列。

第三，证券发行方式将发生根本性改进。传统的证券发行是由证券商负责的，证券商利用自己的或别人的营业网点，等待投资者上门认购。尽管认购方式有很多种，如抽签方式、银行存款方式等，但是仍然存在着销售成本上升、销售效率低下、市场缺乏公平性等问题。

第四，利用 Internet 还能直接针对广大公众进行宣传介绍。如许多证券类网站都为发行人提供路演服务。例如中国证券网推出一个名为"中国证券路演"的服务项目，专门为各上市公司提供网络推介会、消息发布会、企业形象宣传等各种大型活动，并承诺对在"中国证券路演中心"路演的上市公司，该中心将提供高效的策划和组织服务，并提供全面的技术支持和人员支持。同时中国证券网报道全面，信息权威，传播迅速，拥有广泛的访问用户，中国证券网举办的各种路演活动有着较高的信誉和良好的群众基础。通过"中国证券路演中心"，上市公司将能以最经济的费用，在最短的时间内，收到良好的推介效果，这对发行人来说是很具有诱惑力的。

第五，证券交易方式改变当然是网络证券的明显特征。随着证券发行的网络化，证券交易也在不断地网络化。Internet 克服了时差障碍，使得 24 小时不间断交易成为现实。不仅某一个交易系统的交易时间不会间断，Internet 将连接全球众多的交易系统，设在纽约、东京、巴黎、伦敦和上海的交易系统将会平等进入市场，供投资者任意选择。

第六，网络证券还有利于降低交易风险，提高交易效率，降低交易成本。由于简化了交易环节，证券公司有可能更好地控制交易过程中的各种风险，并能对交易的各个环节进行全程监控。计算机处理能力的增强提高了证券交易的撮合效率，网络传输能力的提高加快了信息交换效率，因此证券市场对信息反映的灵敏度有很大提高。由于网络交易对证券公司来讲运行费用较低，所以收费标准和其他的收费标准相比最低，而提供的服务和传统证券商相比却相差无几。

第七，网络证券也有利于吸引游资，可吸引大量银行活期存款客户进行交易。网络的普及使得很多人可以随时随地进行证券交易，证券买卖变得方便快捷，因此可以吸引更多的人参与证券市场投资。由于证券账户和银行账户具有很方便的交换性，所以客户可以在瞬间把银行账户的活期存款转入证券账户进行交易。

5.2.3　网络证券的发展趋势

随着网络证券业务的不断推广，证券市场将逐渐从"有形"的市场过渡到"无形"的市场，现在的证券交易营业大厅将会逐渐失去其原有的功能，远程终端交易、网络交易将会成为未来证券交易方式的主流。网络证券对未来证券市场发展的影响主要表现在如下方面。

5.2.3.1 证券业的经营理念将在实践中发生变化

随着网络证券业务的推广，富丽堂皇的营业大厅和雄伟气派的建筑不再是证券公司实力的象征，靠铺摊设点扩张规模的方式将会显得黯然失色。取而代之的是，依托最新的电子化成果，积极为客户提供投资咨询、代客理财等金融服务，发展与企业并购重组、推荐上市、境内外直接融资等有关的投资银行业务，努力建立和拓展庞大的客户群体将成为其主营目标。

5.2.3.2 网络证券交易实现方式趋向于多元化

中国互联网络信息中心（CNNIC）在 2017 年 1 月 22 日发布的第三十九次《中国互联网络发展状况统计报告》显示：截至 2016 年 12 月，我国网民规模达 7.31 亿人，手机网民规模达 6.95 亿人，互联网普及率达到 53.2%，超过全球平均水平 3.1 个百分点，超过亚洲平均水平 7.6 个百分点；我国 2016 年全年共计新增网民 4 299 万人，增长率为 6.2%，新增网民中使用手机上网的群体占比达到 80.7%，较 2015 年增长 9.2个百分点。见图 5.1。

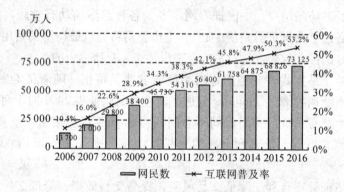

图 5.1　中国网民规模和互联网普及率

因此，突破 Web+PC 的网络交易模式，使投资者可以借助电脑、手机、手提式电子设备对券商收发各种格式的数据报告来完成委托、撤单、转账等全部交易手续这是中国网络证券交易发展的必然方向。

5.2.3.3 证券业的营销方式在管理创新中不断地变化

未来的证券公司的市场营销将不再依赖于营销人员的四面出击，而把更多的精力集中于网络营销。证券公司通过网络了解客户的需求，并据此确定营销的策略和方式，再将自己的优势和能够提供的服务通过网络反馈给客户，从而达到宣传自己、推销自己的目的。

5.2.3.4 集中式网络交易成为一种发展趋势

随着技术的进步，互联网用户呈几何级数增长及证券市场的日趋成熟，我国证券行业正在向集中交易、集中清算、集中管理及规模化和集团化的经营方式转换。网络交易采用这一经营模式，更有利于整合券商的资源，实现资源共享，节约交易成本与管理费用，增强监管和风险控制能力。根据互联网络信息中心（CNNIC）发布的《第20次中国互联网络发展状况统计报告》的数据显示，有20%的网民使用网络银行和网络炒股。我国网络炒股的比例已与互联网普及率高的美国相当。

5.2.3.5 证券业的经营策略发生了变化

在目前网络互联、信息共享的信息社会里，证券公司将不再单纯依靠自身力量来发展业务，而是利用自身优势建立与银行、邮电等行业的合作关系。各行业在优势互补、互惠互利的前提下联手为客户提供全方位、多层次的立体式交叉服务。这种合作会给各方带来成本的降低和客源的增加，从而达到增收节支、扩大业务的目的。

5.2.3.6 网络经纪与全方位服务融合

在目前网络互联、信息共享的时代，企业可绕过证券金融机构，直接通过互联网公开发行股票来募集资金，甚至自己开展交易活动。这在美国已经有了先例，其使得金融业中介人的地位面临严重的挑战。同时，在固定佣金政策的大背景下，国内券商提前从价格竞争进入了服务竞争阶段。价格竞争的直接结果是导致网络交易佣金费率的降低，当竞争达到一定程度，仅靠减佣金模式已不能维持下去时，全方位服务模式就会出现。这时候，券商的收入将由单一的经纪佣金转向综合性的资产管理费用。

5.2.3.7 网络证券交易以更快的速度向农村和偏远地区发展

根据互联网信息中心统计数据，截至2008年12月底，我国农村网民规模达到8 460万人，这将较好地改善目前我国大多数县、县级市没有证券营业部，投资者买卖股票不便的问题。据调查，在我国广东、江浙一带，许多县、镇经济发达，却没有一家证券营业部。网民规模的扩大、网络交易的普及、交易网络的无限延伸，将使中国的小城市和农村居民变成潜在的股民，使很多原来没有条件进行股票买卖的人加入到股民的队伍中来。

5.3 网络证券业务

5.3.1 网络证券业务与传统证券业务的比较

网络证券具有传统证券无法比拟的功能与服务优势，有自己独特严谨而有序的业务系统和复杂而庞大的技术系统。

5.3.1.1 新股推介方式方面

传统推介方式是举办推介会，规模庞大，投入的人手多，成本高，而且传统推介仅局限于某些地点，宣传效果颇受限制。网络路演则在很大限度上克服了传统推介方式的缺陷，它只需要少数核心人员，在网络面向广大投资者进行推介，成本较低。而且，网络路演能够在网络与广大投资者进行直接沟通，双方互动性强，宣传效果好。

5.3.1.2 发行业务方面

互联网的出现和延伸，使证券的发行渠道更为直接和开放，也使招股人和投资者之间的联系更为紧密。我国证券市场经历了发售认购证、与银行存款挂钩配售、"上网"竞价发行、"上网"定价与二级市场配售相结合等发行方式的演变。这里的"上网"，并不是指 Internet，而是交易所的内部交易系统。相比之下，网络证券发行是指通过互联网直接进行的证券发行业务，其适用范围已经突破了证券公司及其营业部的地域限制。投资者只要上网，就可以申购新股，而且其速度、效率远远超过传统发行方式。

5.3.1.3 经纪业务方面

传统证券交易业务主要通过柜台委托、自动委托等方式进行，后来逐步过渡到电话委托、大户室自助终端和远程大户室等，速度和效率都有了较大提高。与此不同，网络证券交易则是以网络为平台，在线下单进行交易。两者比较，传统证券交易无论是速度、效率、内容，还是在适用的地域范围等方面，都与网络交易有明显的差距。

5.3.1.4 支付方式方面

传统支付方式是通过银行存入现金，然后才能买卖证券，手续十分烦琐，需要经常往返银行和证券营业部之间排着长龙等候存取款。现代网络证券的支付是通过银证转账、银证通等方式实现的。投资者足不出户，只要在家中上网或打电话在银行账户和证券账户之间进行转账，瞬间即可完成。

5.3.1.5 信息服务方面

传统服务方式主要是通过传真、报纸、股评会等方式进行，信息量少，信息不够及时，成本较高而且互动效果不好。相比之下，网络信息系统不仅可以迅速地提供大量信息，信息共享效果好，互动性强，而且信息可以随时更新，也不受限制。更重要的是，网络信息服务具有传统服务所无法比拟的成本优势。从以上分析可以看出，与传统证券业务相比，网络证券服务减少了交易中间环节，提高了整个证券市场的效率，在信息服务方面，成本、时间和空间无限扩张，优质服务方面更具有无可比拟的优势。因此利用互联网提供的各种服务在证券市场迅速发展，而且从发展趋势看，证券业务将进一步与网络技术结合，成为证券市场改革与发展的一个重要方面。

5.3.2 网络证券市场的运作模式

网络证券交易的基本运作模式是 B2C 模式，即由证券公司通过 Internet 对作为零售客户的投资者提供各种一对一的服务。目前国内证券公司的网络交易基本上形成了五种具体模式。

5.3.2.1 证券公司下属网络交易中心（券商独立网站）模式

这种形式在证券交易公司中普遍存在，其中较有代表性的有华泰证券网、海通证券的海通证券网、青海证券的数码证券网等。这类证券交易公司的交易和服务网站隶属于证券公司的一个服务部门。这一模式的优点在于证券公司可以直接将其他传统市场上的服务通过网站提供给网络客户，券商的服务优势可以充分地发挥出来；其缺陷则在于专用网站的建设需要大量的资金投入，这是中小券商所力不能及的。

5.3.2.2 纯粹的金融证券服务类网站模式

这种网络证券交易模式的典型有中国证券网、赢时通中国证券公司服务网、和讯网、证券之星网等。这些网站的证券交易由各证券公司营业部租用其网络交易平台来实现的。如赢时通目前有 70 多家不同证券公司的营业部租用其网络交易平台。这一模式的优点在于网站建制的规模和技术优势得以充分体现；其缺陷在于证券服务的内容和专业水平的信任度会受到客户的质疑。

5.3.2.3 商业银行的银证通服务类网站模式

商业银行利用其现有的服务网络设施建立的网络交易平台，比如招商网通证券，就属于这一模式。这一模式为金融业务从分业经营向混业经营过渡之后，商业银行直接参与证券市场业务创造了条件，其优点在于网络证券服务与网络银行服务紧密结合，专业网站建设的规模优势得以充分体现；但其缺陷同样在于证券服务的内容和专业水平的信任度会受到质疑。

5.3.2.4 证券公司与 IT 公司合资组建网络证券委托通道

2000 年 8 月初，上述模式合二为一的第四种模式出现，这就是陕西网都模式。陕西网都是由陕国投和赢时通共同出资组建的具有独立法人资格的证券交易网站。该网站不仅代理陕国投下属证券营业部的经纪业务，而且作为独立的证券交易代理网站，网都还广泛代理陕西地区其他证券公司的经纪业务。《网络证券经纪公司管理暂行办法》对这一点的规定是，网络证券经纪公司的股东资格必须符合法律、法规和中国证监会有关规定，其主要出资人或发起人必须是证券公司或信息技术公司，主要出资人或发起人的出资额不低于网络证券经纪公司注册资本的 20%。这种模式的优势在于：在享有控股地位的前提下，充分利用了专业网站的资源，尤其是人力资源和相对垄断的电信资源。强大的区域性垄断（与陕西电信局签订了排他性的电子商务协议）优势使其可能获得其他证券营业部的客户，甚至可以出租交易平台获得租金收入。

5.3.2.5 证券公司收购网络委托交易信道

广东证券收购国内较知名的"盛润网络"的案例，代表了国内证券公司开拓网络证券委托的一条捷径。"盛润网络"是最早从事网络证券委托的 IT 公司，曾因定位于"e 证券公司"而获得过境外风险投资的支持，在《网络证券委托暂行管理办法》出台之后，IT 公司只能为证券公司网络证券委托提供交易平台与技术支持。广东证券收购"盛润网络"，形成了双赢格局。证券公司通过这种方式开展网络证券委托。

因此可以说条条大路通罗马，券商除了自建和收购网站以外，还可以通过指定、租用甚至参股其他网站的方式开展网络交易；而专业网站也可以向证监会申请网络证券经纪和交易资格或吸收券商入股进行合资经营。在这个领域里，券商拥有资金和专业性两大传统优势，而成熟网站的优势则体现在品牌、信息量、人才结构和用户关注度方面，双方具有很强的互补性。把两者整合在一起，潜在的网络客户和交易功能就能被充分发掘出来，从而达到资源的优化配置。从长远来看，券商和网站应该携起手来，积极探索新的思路，共同把市场做得更大。

5.4 网络证券的挑战和应对策略

网络证券交易可以提高证券市场交易效率，减少交易成本，但同时也给证券市场监管带来了新的挑战、给证券交易纠纷的处理带来了新的难题，并带来新的安全和风险。

5.4.1 网络证券的风险

5.4.1.1 交易安全风险

网络证券交易，既是证券交易活动，又是一种电子商务过程。由于网络证券交易的这种两重性，决定了在网络证券交易中，既包含了传统交易业务的成分，又具有电子商务的成分。因此，在交易过程的各环节产生的安全性风险以及对这些风险的防范是十分重要的。网络委托的相关技术尚处于探索发展阶段，各种安全防范技术并不完善，存在的主要风险有以下三种：一是网络委托的技术系统被攻击、入侵、破坏，导致网络委托无法正常进行；二是委托指令、客户资料以及资金数据等被盗取或篡改，甚至造成资金损失；三是发布虚假信息，误导投资者，操纵市场。

为防范这些风险，需要采取以下的措施：第一，技术系统必须达到一定的标准，例如，要有实时监控和安全审计功能，要与其他业务系统在技术上隔离，要有完善的数据备份和故障恢复手段，数据加密、身份认证等关键技术要经过权威机构认证；第二，对业务管理有严格的要求，如证券公司要制订专门的管理制度，要向客户说明可能出现的各种风险，定期向客户提供书面对账单，限制单笔委托最大金额以及单日成交最大金额。通过技术和管理两类措施，可以有效地控制网络委托的系统风险。

5.4.1.2 资金风险

资金风险主要来自于银证转账。所谓银证转账，是指投资者以电子方式，在其证券资金账户和其他账户之间直接划转资金。目前通过电话或网络银行手段，技术上可实现这种银证转账。例如，投资者持有某些种类的银行信用卡，通过拨打银行或证券公司提供的电话号码，按指令操作，有可能在证券账户与信用卡账户之间划转资金。根据分业经营的原则，需隔离证券交易和商业银行业务的风险；为了防止网络委托的数据受到非法窃取或改动，以致通过网络将非法收益转入银行账户，开展网络委托业务的证券公司不能直接向客户提供网络或电话形式的转账业务，采用网络委托方式的投资者，可以使用商业银行提供的银证转账业务。

网络转账功能一方面给投资者提供了方便，使投资者足不出户就可以在家中进行资金的划转，使网络证券交易的快捷、便利的特性得到了充分的发挥；另一方面，网络转账功能又给投资者带来一定的风险。做好网络证券交易的银证转账风险控制，提供安全便捷的资金划转，能够对网络证券交易起到促进作用。

5.4.1.3　对交易主体的挑战

实行网络证券交易后，证券交易所面临的挑战主要表现在以下几个方面：技术系统应用面临潜在竞争，有关信息披露的文件和有关材料的传递需要更新，网络发行股票的管理和证券交易所业务监管的重建，此外有关清算的流程也面临重新设计的问题等。对证券公司而言，实行网络证券交易后其在内部所面临的风险主要分布在技术安全与业务监管两个方面，而在外部生存环境方面可能面临的主要是银行业与可能成为网络证券交易商的 IT 公司的挑战。具体包括：公司内部管理的重组，主要是指"营业部"的变化及其管理与证券业务的软硬件分离及其管理；公司网页交易模块与咨询服务模块的监控；证券公司面临加强整体管理的需要；股市交易行情波动对业务稳定性的影响。此外，网络证券交易也使证券公司面临其他问题，如信用问题、网络安全性、速度和稳定性、交易成本控制和预期收益与成本的不对称性。

网络证券委托提供了一种方便快捷的方式，但也伴随着相应的风险。要防范网络委托的各类风险，投资者的自我保护非常重要。第一，应从安全性、稳定性、信息质量、传输速度、技术服务等方面综合比较，选择进行网络委托的网站及其相应的证券公司。第二，要及时检查委托成交情况以及清算结果，检查证券公司提交的书面对账单，发现问题要及时通知证券公司，积极协助进行妥善处理。第三，要通过学习或咨询，选择并使用适当的安全防范技术，如密码设置、数据备份等，不能为了方便而省去必要的安全操作，各类数据和资料要安全存放。第四，要注意核实证券公司开展网络委托业务的资格，认真阅读与证券公司签订的有关协议文本，明确双方的法律责任。第五，要注意分析、核实从网络获取的各类信息，做一个成熟的投资者。

5.4.2　发展网络证券的对策建议

当网络证券交易凭借着传统交易方式所无法比拟的优势迅速发展的时候，其缺陷和不足也日益凸现出来。而目前我国网络证券交易的发展中面临的问题则更多，我们应采取相应的对策，以激发投资者进行网络交易的热情，推动网络证券交易的进一步发展。

第一，应尽快出台与《网络证券委托暂行管理办法》相配套的法律、法规，完善各种技术和制度规范，保证网络交易安全，防止密码被盗、交易指定被篡改以及交易对账不清等问题发生，为证券公司开展网络证券经纪业务创造良好的外部环境，让证券公司放开手脚开展网络证券经纪业务。

第二，加强监管，建立与网络交易相配套的监管体系。加强对网络交易市场的监管，统一标准对网络交易系统进行认证，对 IT 公司介入证券类服务分清责任，并制定有关法律法规，以保证网络交易在规范、有序、高效的轨道内运行；将证券公司网络交易委托系统的运行情况纳入对证券公司的现场检查内容，定期进行检查。根据互联网技术发展趋势，要求证券公司及时提高网络运行的安全性。教育和引导投资者正确认识网络证券委托可能存在的风险。坚决打击利用互联网进行证券犯罪的活动。

第三，拆除行业壁垒。我国证券网络交易的行业壁垒相当高，属特许项目，只有证券公司方可合法经营，导致我国证券网站普遍存在"摆地摊"现象。IT背景的证券网站拥有先进的电脑和网络，却没有获得证券经纪资格；证券公司已获得证券经纪资格并拥有雄厚的证券研究、咨询力量，但在网络技术方面明显落后于IT背景的网站。应加强证券公司、网络公司、银行之间的在投资咨询、网络、开户网点等方面的合作，鼓励专业证券网络公司及经纪业务的专业化发展。

第四，转换经营理念，为客户提供个性化的信息咨询服务。证券电子商务的出现使证券从业人员的服务方式和服务内容发生了重大变化。以高层次、智能化、个性化服务为特征的信息咨询服务已成为证券公司之间竞争的关键，特别是随着高速简洁、双向互动的互联网委托管理系统的出现，投资银行业务、个股推介、财经信息、证券业务、经纪业务、理财业务等成为证券公司网络服务的主要内容。

第五，降低网络交易成本。网络交易与传统交易方式的主要成本差异包括网络交易新增的通信费（上网费）、初始设备投资与网络运行费，同时减少了传统交易方式的时间成本、运行成本、填单报单成本。网络交易的盛行必须使得前者的成本增加低于后者的成本减少。

第六，提高我国证券市场网络化水平。证券网络交易首先要有一个高效率的"网"，各个交易商的机器必须与证券交易终端相连接，通信线路必须畅通，证券网络交易人员要有一定的网络操作水平。证券网络交易对网络的安全性要求很高，必须加强网络的安全检查工作。因为电脑病毒一旦侵入证券交易网，将会导致证券市场的混乱，引起无比巨大的损失。

第七，提高网络交易安全性。证券网络交易经过的环节远多于面对面的营业部交易环节。如果通信系统线路不稳定，下单交易传输的可靠性和保密性得不到保证，就会增加证券网络交易的风险。比如，通过ISP网站进行的网络证券交易，常常涉及电信局、ISP以及证券公司营业部的线路和设备问题。为了提高这些设备和线路的可靠性，必须有专人维护、保养，使设备轮流接受检查和修理，确保在实际运行中不出问题。因此，为了保证证券网络交易的可靠性和保密性，必须保证营业部客户只能通过网络交易软件登录营业部的服务器，而且软件由营业部单独提供，防止一些病毒被客户带入网络系统。此外，还要对每笔交易进行加密保护。

延伸阅读：游走在监管边缘的互联网证券：多达百家存风险

北京商报　闫瑾　岳品瑜　2016年08月01日

在证监会发出非法证券期货、境外炒股风险警示后，北京商报记者近日调查发现，市场上涉及美股、港股以及A股证券投资业务的互联网证券平台可能有上百家之多。但在分析人士看来，国内的互联网证券业务存在不少风险，如投资海外市场风险较大、监管空白；国内大部分互联网股票平台没有投资顾问牌照。同时如果开户未跳转至券商很可能出现资金损失风险等。

模式不明定位不清

"买什么股票""什么价格买""什么价格卖"……对于不少炒股人士，最关心的话题莫过于以上三个，正因为投资者有这样那样的"荐股"需求，互联网证券平台应运而生。北京商报记者调查后了解到，目前市面上的互联网证券平台大大小小可能有上百家之多，不过各家平台的商业模式和种类各不相同，如 BATJ 等大型互联网平台中，360 股票、百度股市通、腾讯（318.8，-5.20，-1.60%）自选股、京东股票、蚂蚁聚宝上的行情查询等；而同花顺、大智慧、东方财富网则属于资深的股票平台和软件。

此外还有一些炒股 App，如雪球、牛股王、牛仔网、金贝塔、公牛炒股、仙人掌股票、爱股票、股票雷达等；另一类就是投顾类平台，包括投顾大师、爱投顾、跟投、好投顾、微量网、慧理财、资配易、胜算在握等。

不过，北京商报记者注意到不管是大平台还是小 App，都有模式不明、定位不清、牌照缺失的尴尬。如 360 股票是奇虎 360 旗下 360 金融服务平台推出的股票产品，主要的模式是股市直播、投研观点、实时行情等，虽然也可以进行开户，但到了开户流程就跳转至第一创业的开户页面。而在 360 股票官网的新闻中心里，唯一的一篇文章介绍今年 5 月 360 股票上线，其中提到 360 可能会收购券商，但是直到现在还未有更多消息传出。

此前虽然阿里旗下的蚂蚁金服先后获得券商牌照、香港地区经纪业务资格并收购德邦证券，实现港股、A 股选购；腾讯早在 2012 年就推出自选股功能，并投资了提供港股、美股和 A 股投资交易服务的券商富途证券；百度则推出了"百度股市通"，并与国金证券保持战略合作，但是北京商报记者注意到，这些平台的业务还多仅限于查询、投资顾问咨询、跳转开户一些基础业务。

人人操盘 CEO 顾崇伦直言，目前互联网证券平台的形式众多，但总体而言，多数也仅能够提供行情、资讯，以工具属性为主，结合部分模拟组合展示和基于此的社交属性扩展，从交易层面而言，这些工具属性平台，多数可以通过与券商合作，为券商导流开户，但交易环节上根据相关要求，用户的指令必须直达券商，而不得通过第三方互联网平台进行间接的传递。这同样一定程度限制了基于这些功能可能展开的一些创新，比如智能投顾、实盘跟投、互联网资产管理平台模式等等。

同时，北京商报记者注意到，证监会警示称，目前除合格境内机构投资者（QDII）、"沪港通"机制外，未批准任何境内外机构开展为境内投资者参与境外证券交易提供服务的业务。在注册登录牛股王 App 后，就可以进行基金实盘交易、A 股实盘交易和港美股实盘交易功能，而港美股实盘开户合作者为海外资产投资平台寰盈证券，但在其官网并未看到监管层颁发的相应牌照或资格证件。

"由于互联网的存在，即使在老虎证券没有出现之前，境内投资者其实也可以通过互联网直接在海外券商进行开户。由于国内券商等正规金融机构均没有提供相关业务，可能也是因为需要严格遵守相关法律法规和监管规定；另一方面，美股交易需要美元的支持，这对于资金的流出会造成较大的影响，也会变相滋生很多地下钱庄的外汇业务，使得境内资金通过非正规的渠道流出。"顾崇伦认为。

更重要的是，顾崇伦补充道，国外的证券形态与国内不同，并不存在三方存管类似的机制。用户打款给海外的证券公司，并进行相应的业务开展，也就是说证券公司理论上存在跑路、倒闭等的可能性，从而对用户造成损失。

牌照空缺合规风险大

不少互联网证券平台都有从事证券投资咨询业务，在分析人士看来，互联网平台从事这部分业务的最大风险在于合规风险。

此前有媒体报道，深圳证监局针对证券期货经营机构业务整改发布《关于证券期货经营机构与互联网企业合作开展业务自查整改的通知》（以下简称《通知》）提到，"提供投资顾问服务人员应符合相应资质条件与法规要求，以及提供投顾平台的公司须取得证监会许可。未经许可开展此类业务属于非法经营证券业务活动"。

在著名经济学家宋清辉看来，根据这个监管要求，要求平台必须具备投资顾问牌照才能从事投资顾问的业务，没有牌照从事投资顾问业务，存在被查处的风险。

苏宁金融研究院高级研究员薛洪言也表示，目前投资顾问行业唯一的牌照是证券投资咨询业务许可证，1997 年出台的《证券、期货投资咨询管理暂行办法》明确规定"从事证券、期货投资咨询业务，必须依照本办法的规定，取得中国证监会的业务许可"。若平台投资顾问的业务类别涉及证券投资，需要持有证券投资咨询业务许可证。

在他看来，从目前涉足投顾领域的平台而言，主要分为三类：一类是为客户提供投资组合推荐，为平台上的货币基金、股票基金、理财产品、保险产品等进行导流，不涉及具体证券的买卖建议；第二类平台的投顾业务本质上属于平台发行的定制化 ETF 组合产品，顾客直接购买平台发行的产品即可，也不涉及具体证券投资的咨询问题；第三类平台涉及证券分析、具体投资建议等业务，属于比较典型的证券投资咨询业务，需要持有相关牌照。

根据证监会官网最新披露的证券投资咨询机构名录显示，目前已经获得证券投资咨询牌照的公司只有 84 家。一位互联网证券平台负责人表示，证券投资咨询牌照已经暂停了很多年，最近五六年才开始做证券投资咨询业务的平台基本都没有这个牌照。

实际上，此前证券投资咨询牌照门槛并不高。薛洪言表示，证券投资咨询属于门槛较低的牌照，据《证券、期货投资咨询管理暂行办法》规定，注册门槛仅为 100 万元，而除具备公司章程、管理制度以及固定营业、通信场所外，只需具有五名以上取得从业资格的专职人员即可。不过，由于与可以提供全面证券投资服务的证券公司相比，证券投资咨询行业业务种类单一，行业内大多数企业均面临着盈利和业务可持续难题，监管机构放缓了牌照发放速度。

不过，由于近几年互联网证券业务的崛起，证券投资咨询等行业内非主流牌照成为平台涉足证券业务的入口，成了香饽饽，这个牌照价值水涨船高。

一位互联网券商平台负责人表示，对于互联网平台而言，可以收购持有证券投资咨询牌照的公司，这两年也有案例。在监管趋严的情况下，持牌公司售价越来越高。一个没有实际业务的持牌公司的价值至少在四五千万元以上，而且目前几乎没有持牌公司愿意转让。另外有持牌公司对外合作的，名义上是他们公司经营，实际上支付他们费用，所谓的"租牌照"，每年也能收个几百万甚至上千万的租金。

至于未来开展证券投资咨询业务是否必须要有牌照，他表示，原则上必须要有，但实际情况得看证监会的执行尺度。

开户未跳转 真实性难辨

北京商报记者注意到，目前互联网股票平台虽然都号称与券商合作，但开户的模式并不十分相同。有些平台需要跳转到券商 App 上进行开户，但部分平台则可以实现在平台内部 App 开户，并未跳转到券商页面。"提交验证码、选择营业部、上传身份证、绑定银行卡，根据流程提交相关资料后，平台会先进行初步审核，然后再提交券商审核，审核通过即可完成开户工作。"一位互联网平台客服向北京商报记者说道。

不过在分析人士看来，开户未跳转券商模式存在一定的风险。宋清辉表示，通过互联网平台接券商的开户接口进行网络开户，虽然很容易实现且很简单，但是却很难保证开户信息的真实性。这种开户模式风险很高，难以识别开户人真实身份，易诱发伪造身份开户，甚至进行洗钱或金融诈骗的风险。在司法诉讼等领域，相较于传统的开户方式，即"三亲见"（亲见本人、亲见本人身份证件、亲见本人签署开户协议），这种开户模式因为缺乏有效证据在司法诉讼中较难证明业务真相。应该由监管机构牵头，制定细则和明确提出业务规范和风险控制要求，指引互联网平台和券商机构开展业务。

薛洪言表示，如果互联网平台与券商合作开户，互联网平台只是导流的通道，开户环节是要跳转到券商的专属开户界面进行的，用户信息的真实性等均由券商独立判断，从安全性上看，与直接去券商官方渠道开户并无差异。

监管层也看到了互联网平台开户的风险。在 5 月 12 日深圳证监局针对证券期货经营机构业务整改发布《通知》中在自查整改工作重点中提到，证券公司与互联网企业合作自查整改重点包括未严格验证客户开户身份，接入外部信息系统未严格依法履行响应的审查义务等。

第6章　网络保险

6.1　网络保险的产生和发展

6.1.1　网络保险的产生

随着信息技术和 Internet 网络的迅猛发展，全球保险业的销售模式日新月异，一种全新概念的保险——网络保险也随之应运而生。所谓网络保险是指保险企业（包括保险公司和保险中介机构）以信息技术为基础，以 Internet 网络为主要渠道来支持企业一切活动的经济行为。它包含两个层次的含义：一是指保险人利用网络进行内部的管理，即利用网络对公司员工和代理人的培训，利用网络与公司股东、代理人、保险监督机构等相关人员和机构的信息交流，保险中介公司利用网络开展业务等企业活动；二是指保险公司通过 Internet 网络开展电子商务，即利用网络与客户交流信息，利用网络为客户提供有关保险的信息，乃至实现网络"签单"。

保险公司利用网络可以方便、快捷地为客户提供其背景、险种及费率表等几乎所有信息；同时，通过网络客户可以比较多家保险公司的险种和报价，从而选取一个最适合的险种。保险公司也可以通过网络与客户进行双向交流，回答客户提出的问题，甚至为客户设计保单等。如有的保险公司为了进一步向客户提供一揽子服务，在自己的网址上设有网络图书馆，在图书馆中收藏了大量有关保险的法规、条例、投保技巧、保险常识、索赔程序等资料和信息。还有的保险公司把自己的网址与其他一些非常重要的保险相关机构的网址相连，诸如保险监管机构、保险公司排名机构、与保险有关的学术机构等网址。又如美国 Arkwright 相互保险公司等保险公司则更进一步为客户提供"艺术性"的服务，该公司对地震、台风和洪水多发地带的被保险人安装了早期报警系统，当十分恶劣的天气或其他能够造成直接经济损失的事件开始形成并发展时，该系统就会自动与受影响地区的被保险人取得联系并提供预先警报，同时还介绍财产的保护和保存方法以及索赔的相关知识。

Internet 上的客户不仅可以通过银行、证券经纪公司的网址购买保险，而且还可以在家中通过网络购买汽车或购买商品的保单。如国民银行和大通曼哈顿银行，他们设有经营人寿保险的附属机构。因此，客户可以在国民银行的网址上实时了解到保险的报价并申请保险。同样，大通曼哈顿银行的客户能在网络完成要求保险报价的问卷，该银行的代表将在 2~8 个营业日内给客户打电话或发出电子邮件。又如 AIG 汽车保险为通过电话购买新车或二手车的客户提供在网络直接购买的保险。尽管在美国这种做法尚不普遍，然而一些房地产网址已经与销售住宅保险的代理人联网了。因此，相信随着为消费者提供直接售房和售车服务的扩大，越来越多的网址将被用来提供保险，以此作为一揽子服务的一部分。与此同时，让客户能全面而方便地了解保险信息的保险市场专用网络形成了。如保险万维网就是一个关于保险市场的专用网络，该网络上提供 10 家汽车保险公司、3 家人寿保险公司和几家经营健康保险、职业责任保险和残废保险公司的保险报价和联系信息。

6.1.2　网络保险发展的成因

6.1.2.1　网络保险能有效地降低经营成本

长期以来，保险公司一直通过代理人和经纪人出售保险，而实践证明，这种经营模式是低效率的。以人寿保险为例，20 年来证明其销售系统是缺乏生产率的：一个代理人一周只卖出一份保单。低的生产率使经营成本高达保险费的 33%或更高。通过 Internet 销售保单具有大幅度降低经营成本的潜力。据美国艾伦米尔顿国际管理顾问公司计算经营财产和意外保险、健康和人寿保险的保险公司通过 Internet 向客户出售保单或提供服务将比通过电话或代理人出售节省 58%~71%的费用。根据经济学家情报有限公司（Economist Intelligence Unit，EIU）对保险公司经理的调查，只有不到 1/3 的保险公司认为现行的保险销售模式是准确的并对其有足够的信心。超过 1/3 的保险公司则信心不足或根本缺乏信心。因此，必须进行改革。

在网络上客户能自己完成购买保单的大部分工作。如客户通过查询网络的信息决定哪种保险是需要的，然后在网络填完申请表并购买保单。Internet 还能为客户提供签发账单、付款等服务。在 Internet 上提供的服务越多，保险公司节省的费用也就越多。保险公司通过在网络直接销售保单，就能省去向代理人支付的佣金。即使通过网络的代表人销售保单，保险公司支付的佣金也将节省一半，客户申请购买保险和保险公司签发保单这一过程中包括许多费时的人工操作的步骤，这些如能通过网络完成，保险公司将大大提高工作效率。保险公司销售保单的服务亦可在 Internet 上实现流水作业。一些基本的服务可以在网络提供，比如客户及时更新他们的材料，找到保险服务提供者，或是查询索赔的情况。保险金支付的效率也将大大提高。

6.1.2.2　迫于新的竞争压力或合作关系改变的需要

在 20 世纪 80 年代中后期，金融业竞争日趋激烈，银行和证券经纪公司为了向客户提供他们所需要的一揽子服务，就开始涉足保险业。如银行提供年金保险和其他种类的保险来吸引客户的资金，以防止客户的存款流向保险公司和证券经纪公司处。虽然这种做法在实际中存在争议，一部分保险公司并不希望银行经营保险业务，但也有一部分保险公司并不介意。银行有自己的独特优势：银行的分支网络使它们能接触到美国的任何一个地区的客户；保险公司的数据库只记录有关保单的情况而不记录客户的信息，但银行的关于客户情况的数据库能使其了解客户对金融产品的需要；对消费者的调查显示，消费者对银行家的信任和尊敬程度要超过保险代理人。因此，银行保险是一种发展的趋势。有些银行已开始在网络提供保险服务。同样，证券经纪公司开始经营保险业务，并也开始在网络提供保险服务。

总之，不论银行或证券经纪公司是否与保险公司合作经营保险还是与它们直接展开竞争，对现行保险业的冲击将是巨大的。网络保险作为新事物、新科技，银行比保险公司能更快地接受。

6.1.2.3　网络保险能增添新的销售机会

传统的保险销售模式以保险代理人和经纪人出售保险而收取佣金的方式，即保险代理人或经纪人报酬的多少是由保险金额的大小决定的。因此，这种模式的缺点是对小客户重视不够，也未能为很大一部分可能成为保险潜在购买者的人提供服务从而丧失销售机会。那是因为保险代理人工作的重点是为能够买大数额保单的大客户服务，而且开发新客户需要花费时间。网络销售、开发保险的低廉成本将促使保险公司将业务扩展到以前没有提供服务的客户，因此能大大地增添新的销售机会。

6.1.2.4　客户改变购买保险方式的偏好促进网络保险的发展

在传统上，客户从代理人处购买保险。但是，这种传统销售模式不仅成本高，而且十分不方便。因此，随着 Internet 的日趋完善，客户希望在网络了解保险信息和报价，支付保险金，进行价格比较，更新信息，了解索赔情况以及得到金融服务专家的建议。同时，保险公司也希望他们的客户改变购买保险的偏好。据调查，目前，美国保险公司的经理们相信只有 2% 的客户在购买汽车和人寿保单时喜欢通过网络购买，而不是从代理人处购买。40% 的经理相信，在今后 5 年内，客户将更喜欢在网络购买保单。那是因为在美国越来越多的客户将更多地把保险视作一揽子金融证券投资的一部分，而不是将其看作单独的金融产品。这样，保险公司像银行和证券经纪公司那样也积极扩展它们的网络服务。

6.2　网络保险概述

6.2.1　网络保险的概念

网络保险，即网络保险或保险电子商务，是指保险公司或新型的网络保险中介机构以互联网和各种现代信息技术来支持保险经营管理活动的经济行为。它包含两个层次的含义：一是指保险人利用网络进行内部管理，主要包括利用网络对公司员工和代理人的培训；利用网络与公司股东、代理人、保险监督机构等相关人员和机构进行信息交流；保险中介公司利用网络开展业务等企业活动。二是指保险公司通过互联网络开展电子商务，主要包括利用网络与客户交流信息，利用网络为客户提供有关保险的信息，甚至实现网络"签单"等。通俗地讲，网络保险就是通过互联网等进行保险咨询、险种费率查询、承保、理赔等一系列业务活动。

因此，网络保险有广义和狭义之分。狭义上网络保险是指保险公司或新型的网络保险中介机构通过互联网网站为客户提供有关保险产品和服务的信息并实现网络投保，直接完成保险产品和服务的销售，由银行将保险费划入保险公司；广义上网络保险还包括保险公司内部基于 Internet 技术的经营管理活动，以及在此基础上的保险公司之间，保险公司与公司股东、保险监管、税务、工商管理等机构之间的交易和信息交流活动。它反映了保险人或保险中介人通过网络技术，利用已形成的网络组织，利用一个综合的人机系统从事的保险产品营销活动。

6.2.2　网络保险的特征

网络保险的发展既是知识经济时代经济全球化、网络化等因素的推动，也是保险业自身发展的内在要求。保险服务的自身特点，为保险和互联网的结合奠定了基础。与传统的保险行为相比，网络保险具有以下重要特征：

第一，虚拟性。开展网络保险不需要具体的建筑物和地址，只需要申请一个网址，建立一个服务器，并与相关交易机构进行连接，可以通过互联网进行交易。它并无现实的纸币或金属货币，一切金融往来都是以数字的形式在网络上得以进行。

第二，直接性。网络使得客户与保险机构的相互作用更加直接，它解除了传统交易条件下双方活动的时间、空间限制，与传统营销"一对多"的传播方式不同的是，网络营销可以随时根据消费者的个性化需要提供"一对一"的个性化信息。客户也可以主动选择和实现自己的投保意愿，无须消极接受保险中介人的硬性推销，并可以在多家保险公司及多种产品中实现多样化的比较和选择。

第三，电子化。客户与保险机构之间通过网络进行交易，尽可能地在经济交易中采用电子单据、电子传递、电子货币交割，实现无纸化交易，避免了传统的保险活动中书写任务繁重且不易保存、传递速度慢等缺点，实现了快速、准确双向式的数据信息交流。

第四，时效性。网络使得保险公司随时可以准确、迅速、简洁地为客户提供所需的资料，客户也可以方便快捷地访问保险公司的客户服务系统，获得诸如公司背景、保险产品及费率的详细情况；而当保险公司有新产品推出时，保险人可以用公告牌、电子邮件等方式向全球发布电子广告，向顾客发送有关保险动态、防灾防损咨询等信息，投保人也无须等待销售代表回复电话，可以自行查询信息，了解新的保险产品的情况，有效解除了借助报纸、印刷型宣传小册子时效性差的缺点。

6.2.3　网络保险的优势

保险作为一种特殊的商品，与一般意义上物化的商品有着显著的区别：

首先，保险是一种承诺，属于诺成性合同，同时也是一种格式合同。保险商品的表现形式为契约。其次，保险是一种无形产品。它不存在实物形式，唯一的有形物可能只是一纸合同，而且合同还不一定要打印下来。最后，保险是一种服务商品。保险服务是保险企业为顾客提供的从承保到理赔的全部过程，主要是一种咨询性的服务。保险产品本身具有的上述特点，恰恰使它天生适于在网络进行经营。网络发布保险条款内容，并做出详细的、互动的解释，将避免因为极少数代理人销售时夸大保险责任，简略除外责任而导致的理赔纠纷，有利于维护良好的行业形象。保险服务的内容主要是一些无形服务，所以也使保险适合在网络进行。互联网的优势与保险业这些特征的结合，使网络保险行业发展成为具有很强竞争优势的新生力量。

6.2.3.1 保险公司的机遇

面对互联网络技术给全球经济带来的巨大商机，保险公司应主动转变经营理念，调整服务模式，迎接这一挑战。

（1）改变经营理念。网络保险改变了传统保险业单纯以机构网点多少、地理位置便利为主导的保险服务方式，把经营策略提高到全国及全球的战略高度，促使保险公司认识到网络客户的超地域性和超国界性，保险电子商务带给保险业最大的好处就是能够便捷、低成本地进入全球市场，客户只要拥有联网计算机和信用卡就能够实现"全球"消费。此外，要认识到一旦建成网络保险，那么其总体功能就主要体现在服务上，而不仅仅是经营。

（2）转变服务模式。电子商务时代的保险业突破了传统的经营和服务模式，保险公司可直接在网络销售保险产品，可提供全天候的全球营销服务，客户无论在什么时间，身处何地，只要能够连接上互联网，即可办理各种保险业务，这有助于发展在传统服务模式下，想投保却因投保不方便而未投保的潜在客户，方便地咨询、查阅、选择并完成投保等一系列工作，这些服务包括：以快速、简便的方式提供保险市场信息、保险产品信息，并以良好的交互性，向顾客提供自助式服务，家庭理财（我国的保险产品已逐步从保障型、储蓄型产品发展到投资型产品）和无实体保险服务等。

（3）降低行业成本。网络保险所需的成本只是硬件、软件、少量智能资本，利用少量的投入就可以增加保险公司的虚拟分支机构，创造出大量的"网络保险从业者"，而传统保险公司的开办，则需要大量的土地、资金、人力和建筑。从国外的经验数据看，相对于其他渠道，通过互联网分销的成本最为低廉。传统的寿险销售成本非常高，保费的30%~40%都付给中介人，而网络销售只需要不到20%的销售成本，不同险种网络交易的成本降低幅度有所不同。相对于传统的保险销售模式，网络保险可以不受时间与空间的制约，降低经营成本，免去中介环节而提高保险业务效率，增加公开、公正、公平的透明度，操作简单，方便快捷，也大大降低了成本。

（4）整合信息和资料。保险险种浩如烟海，对于保险公司来说，怎样把众多的险种用方便快捷的方式介绍给客户，将对保险产品的销售产生重大的影响。网络保险可以很好地利用互联网数据库和动态网页技术，实现互联网络的险种分类查询和检索查询。以前，信息一般由保险公司掌握，保险公司根据自己的需要向客户提供信息，传统的通过保险公司直销或保险代理人方式销售保单，可能存在一些直销员或代理人由于本身业务素质偏低或过多基于自身利益的考虑，在向客户作保险产品介绍时，无意或有意地向客户提供不完全信息，埋下了以后可能产生保险争端的隐患，也就是说信息偏重于保险公司一方，存在着信息的非对称性，而通过保险电子商务，客户可以方便快捷地在各个保险公司的网站上查询相关保险信息，并在不同保险公司之间进行比较，从而大大降低收集信息的成本，同时也降低了保险公司发布信息的成本，可以无限地向客户传送数据丰富的优质信息。

另外，保险业务员和直接客户的管理也是令保险公司十分头疼的事情。而网络保险的所有业务，无论是保险网站直接进行的，还是保险代理通过网络进行的销售都可以即时被加入数据库统计分析，便于保险公司确定主打险种并对业务人员进行升级或奖励。

（5）促使利益的重新分配。基于互联网的电子商务赋予保险业一种全新的营销方式，带动保险业实现国际化，并重新构建市场竞争规则，所有保险公司无论实力雄厚与否或规模大小，在网络上一律平等，交易的低成本和进入的低门槛，使中小保险公司和大保险公司拥有了参与保险电子商务的均等机会，中小保险公司也可以从原先主要被大保险公司占有或垄断的市场中获得利润。网络使中小保险公司变大，本地保险公司国际化，跨国经营不再是大保险公司的专利，这为我国加入 WTO 以后与资金、技术、管理都占优势的国外保险业竞争提供了契机，在传统的业务模式下，要达到并赶超这些国家的保险业，需要投入大量的时间和财力。而现在，信息技术的发展为我国保险业的发展提供了契机，在网络保险方面，我国与其他国家的保险业基本上是站在同一条起跑线上。能否抓住这次机遇，关系到我国保险业未来的发展，我国保险业应该抓紧时机，发展网络保险，占领市场，并利用互联网的国际性，宣传我国保险业，努力开展国际业务。

（6）更全面的服务。网络保险可以充分和门户网站、财经类网站合作，拓展销售渠道和网络品牌认知程度。同时，保险代理和一般业务人员自己建立或者以成为某网站会员的方式建立的个人保险推销站点也是重要的网络销售渠道。另外，将有相当数量的客户会直接登录保险网站购买相关险种。真正的网络保险不仅能够实现保险信息咨询、险种介绍、保险计划书设计等初级服务，更重要的是将投保、缴费、理赔等全过程网络化。在降低成本，提高效率的同时提供更加全面的服务。

6.2.3.2 保险代理的机遇

保险代理同样面临巨大的挑战和机遇，也必须主动转换经营方式，顺势而动。

（1）销售方式发生根本变化。网络保险使得保险业务员的销售方式由传统的扫楼式的销售转变成拥有网络商店，客户自动上门。2000 年 10 月，太平洋保险公司北京分公司的代理人付彦庭得到易保网推出代理人展业平台的消息，马上把自己有关资料传真到上海易保总部，随即在易保北京办事处交纳了一年的租金，成为易保最早的"白金会员"。两个月后，一位在外企工作的客户在他的门店上留言，有意投保太平洋万能寿险，付彦庭在网络的第一笔"生意"由此开始。

（2）更好地提供保险相关资料。保险业务设计的条文和相关信息非常多，几乎没有保险业务员可以通晓所有的保险险种。近期大家可能看到很多拿着手提电脑穿行办公楼宇之间的保险业务员，尽管有电脑帮助，要想在短短几分钟的推销时间内向客户说清楚还是非常不容易的。网络保险借助网站的优势，可以把大量的保险资料放在网站，并可以提供方便的检索功能，客户可以针对自己的需要查询到相关险种的说明。

（3）减少环节和费用。一般而言，代理人从第一次拜访客户到双方签订保单，平均需要 27 次接触。如果代理人能通过网络，同投保人先期有几次短暂的交流，就能缩减 5~10 次的见面次数，从而节省一大笔费用。通过网络代理人展业平台，投保人对代理人的基本情况已经了解，在双方面对面交谈时，能很快地切入主题，为代理人节省了时间和成本。

（4）更好的服务。通过网络证券开展业务的保险业务员的主要任务不再是不厌其烦地向客户说明各个险种的内容，而是放在了向客户提供点对点的咨询服务。越来越多的代理人已经开始琢磨在网络建立属于自己的天地，用电子邮件和 QQ 等与投保人一对一地联系，正在逐渐向个人理财顾问过渡。

6.2.3.3　对客户的好处

网络证券的真正业务来自于客户对多样化、个性化保险服务的要求。网络条件下，客户将得到以下便利：

（1）自主选择。客户不再对繁多的险种一头雾水，他们可以通过在网站的浏览和查询，对哪些险种适合自己以及这些险种的具体条款有一个初步的认识。这样在购买保险的时候就不再是被动地接受而是可以自主地做出选择了。

（2）获得个性服务。一般客户不仅可以在保险网站获得个性化的信息和险种介绍，还能使用网站的系统初步计算保费保额等。另外，还可以从网站或者保险经纪人那里获得邮件、电话或者在线交流等服务。

（3）自动续保提示。一年前，北京某公司的职员李小姐买了一辆富康轿车，为了防止意外，她特意掏出 5 000 元保了全险。转眼到了应该续交保费的时候，由于保险公司业务员的疏忽，忘记通知她续保，而她恰巧在这时出了交通事故，据说，像李小姐这样的案例在有车族中时有发生。如果是通过网络保险购买的险种，在到期的时候网站就会自动发出提示的邮件，提醒客户续保，同时这个提醒信件还被发送到相关业务员的信箱里，如果客户仍然没有续费，保险业务员就会通过电话等进一步提醒客户。

（4）方便理赔。一般是保险容易理赔难，很多客户不愿意购买保险，一个很大的原因就在于担心到时候不能获得保险条款规定的所有赔付。网络保险在理赔的时候就可以按照程式化的方式很好地解决理赔不便的问题。

6.3　网络保险业务

6.3.1　网络保险的业务模式

6.3.1.1　网络保险的业务内容

网络保险的业务除了对保险公司及其中介公司进行宣传以外，主要集中在以下几个方面：

第一，提供在线分析、帮助投保人选购保险产品。在网络保险站点上有专业的保险需求评估工具，投保人通过点击它，便可以轻松地获得从初步到精确、从综合到分险种的需求分析。在此基础上，投保人可自行比较、选购各种保险产品或套餐，也可简单描述个人情况，用保险需求评估具体为其分析，量身定制投保方案，从而使客户全面享受个性化服务。

第二，提供在线投保服务。在投保人选定需要购买的保险产品之后，网络保险站点还应提供在线投保服务，即为投保人提供通过网络完成在线购买申请、在线核保、在线支付保险费用和在线获取保单等服务。

第三，提供在线理赔服务。在线理赔服务，不仅应提供理赔作业流程、注意事项的争议解决办法以及查询理赔所需单证和出险联系电话地址等服务，而且应提供方便快捷的网络报案服务系统，及时反馈客户投诉，并提供划拨赔款到客户指定账户的服务。除这几项必不可少的业务之外，网络保险站点还应该提供在线交流服务，让投保人可以就任何有关保险的问题向保险专家请教并得到及时解答，且就相关问题征求投保人的意见和建议。一个好的网络保险站点，还应提供到其他相关网站的链接。这不仅有助于客户获取丰富的保险信息，也便于客户"货比三家"，从而坚定其购买保险产品的决心。

6.3.1.2　网络保险业务模式的分类

与一般的电子商务业务模式的分类类似，由于保险的提供者是公司，网络保险的业务模式可分为两种基本类型：公司对消费者（B2C）网络保险和公司对公司（B2B）网络保险。依据网络保险公司的服务渠道以及保险市场成员与分销合作者之间的关系，保险业的在线业务可划分为水平门户服务模型、垂直门户服务模型、集成商模式、商品市场和在线保险承保人 5 种原始类型。就目前而言，根据不同原始模型的组合，在实际应用中，中于网络保险经营的内容与形式不同，可分成如下几类：网络保险信息模式、网络保险超市、网络金融交易市场、网络经纪人模式、网络风险拍卖市场。

6.3.2　网络保险的基本业务

从本质上来说，任何一个保险公司的业务是这样进行的：它不断地宣传自己的产品和服务；不断地收取由众多投保人（往往也是被保险人）缴纳来的保险费，形成保险基金；当约定的保险事故不幸发生后，对被保险人进行保险金的赔偿和给付；由于保险事故发生和损失程度的不确定性，保险基金的形成、保险金的赔偿和给付之间必然存在着一定的时间差和数量差，使得保险资金的运用成为可能。另外，在承保之前，为防止逆向选择行为，保险公司必须对保险标的实施核保。在承保之后，为防止道德风险，尽可能减少保险赔偿和给付的可能性，保险公司一般还要对保险标的采取积极的防灾防损工作。保险公司基本业务由展业、承保、核保、理赔等流程组成。首先是展业，宣传保险产品和服务；其次核保，在承保之前，为防止逆向选择行为，保险公司必须对保险标的实施核保；然后承保，收取投保人（一般为被保险人）缴纳的保险费，形成保险基金；接下来是资金运用，由于保险事故发生和损失程度的不确定性，保险基金的形成和保险金的赔偿和给付之间必然存在着一定的时间差和数量差，使得保险资金的运用成为可能；同时进行防灾防损，在承保之后，为防止道德风险，尽可能减少保险赔偿和给付的可能性，保险公司一般还要对保险标的采取积极的防灾防损工作；最后是理赔，当约定的保险事故不幸发生后，对被保险人进行保险金的赔偿和给付。

6.4 网络保险的风险管理

6.4.1 网络保险监管的必要性

6.4.1.1 道德风险的存在

对投保人而言，通过网络保险，可以掌握比以前更多的保险信息，但影响保险信息的不对称性并不因此而消失，并且 Internet 特有的虚拟性使这个问题变得更加复杂。有一句 Internet 名言：你不能保证和你聊天的不是一只狗。在保险诈骗手法越来越高明的现在，难保网络保险不会成为骗保的又一新手段。当保险公司在网络寻找新的商业契机时，应特别注意网络的欺诈行为。保险公司需要提供新的工具，用来鉴别潜在的网络欺诈行为。政府应完善这方面的政策，支持保险公司使用反欺诈的工具。道德风险的另一方面涉及保险的不利选择。通过网络保险，投保人了解了比以前多得多的投保信息，不利选择就更容易产生了。高风险的投保人可能汇集在某些公司的某些产品上，从而改变了保险事故发生的概率，动摇了保险公司在开发这个险种时的精算基础。

6.4.1.2 网络保险合同签名必须确认

首先网络保险的电子签名是否合法，必须有法可依。没有了数字签名，网络保险的方便、快捷就无法充分体现，电子商务的低成本也将打折扣。某保险公司的一位先生称："我们是保险公司，我们可以不要客户的手写签名，而代之以数字方式。"但是，各公司代表均认为目前不可行，合同一旦出现纠纷，到法院双方拿什么作为有效证据？其次，电子签名如何确认，签了就完了吗？是投保人，还是保险人有权对签名进行确认？是不是在签名后要通过电子邮件方式进行确认？这些问题都需要有专门的法律明确规定。再次，如果发生了电子签名的纠纷，什么人可以充当裁定人？是传统的法律机构，还是需要特设网络法庭？发生纠纷时是投保人举证有效还是保险人举证有效？目前美国和中国等一些国家已出台了《电子签名法》，对这些问题都做了明确的规定，但也有不少国家尚未出台此类法律。

6.4.1.3 网络保险的技术复杂性

技术复杂性涉及网络保险是否高效的问题。如果投保人为投保要花很多时间去检索，去比较，要填很多的表格，他完全可能没有耐心去进行"眼球"浏览，所以如果网络保险不能做到一目了然的话，影响力就会大打折扣。

6.4.1.4 网络安全可能的脆弱性

网络保险区别于传统的面对面的保险交易活动，它要求一个网络交易平台更安全、更可靠。但是由于计算机黑客和计算机病毒的原因，即使是最好的网络保险交易平台也可能会出现漏洞，从而导致不能保证交易信息的安全、迅速传递，数据库服务器的安全性也可能会因为黑客的闯入而造成灾难性的后果。

6.4.2　网络保险风险管理的内部控制

网络保险在充分享受现代网络通信技术的同时，也面临着涉及社会经济、法律、案例保护等方方面面的风险，这些也是发展网络保险所必须要解决的问题。网络保险所面临的风险包括系统风险、技术风险、市场风险和法律风险。网络保险的安全性问题不可避免地涉及许多内部方面的因素，诸如负责网络系统安全的相关人员、网络系统运行环境的安全保障、软硬件网络系统的安全问题等。因此，网络保险还需加强内部控制管理相关的风险。

6.4.2.1　加强网络保险系统的安全保障

网络保险系统是开展网络保险经营的物质基础。保险企业应充分重视网络系统的安全问题，并采取针对性的措施以尽可能降低网络保险的系统风险。为保障网络系统的安全，必须建立有效的事前检测和预防体系、事后控制和恢复体系。其主要策略包括：

（1）建立网络保险系统的安全规范和标准，制定严格的日常管理制度。

（2）建立对网络保险系统安全性的定期或不定期的稽查与监督系统。

（3）利用技术手段建立能够对整个网络保险系统实现实时安全监测和预防的系统，如防火墙系统、虚拟保险箱系统、安全操作系统、实时病毒检测系统、硬盘和服务器的双工或备份系统等。

（4）建立系统故障和破坏后的自动恢复系统。

（5）加强内部员工的管理。明确各员工的职责和权限，对于易出现安全问题的岗位和重要工作人员要进行定期检查。对网络保险系统的安全性管理是一项复杂的系统工程，网络保险安全保障系统必须是一个动态的系统，能够适应现实情况的变化和发展，不断地升级，有效地防范网络保险经营中的系统风险。

6.4.2.2　提高员工素质，降低技术风险

网络保险系统是技术密集型的复杂系统，掌握先进的技术是发展网络保险的基础。技术是基础，人才是关键，优秀的网络保险技术人才对于开展网络保险是不可或缺的。网络保险既需熟悉保险业务的经营管理和营销人员，也需要一支掌握现代网络通信技术，特别是电子商务技术的人才队伍。网络保险代表着未来保险业的发展方向，保险企业应主动加强员工的技术培训，使他们能跟上网络保险发展的步伐，并把所掌握的技术及时应用到实际中去。

6.4.2.3　做好网络保险宣传工作，树立品牌意识，防范市场风险

目前我国公众的保险意识还比较淡薄，在民众保险知识还很匮乏的情况下来发展网络保险，落实对保险产品和服务的宣传工作，努力培育网络保险市场，吸引更多的消费者网络投保，从而发挥网络保险的规模经济效益，就显得尤为迫切。为防止被保

险人的逆向选择行为，保险公司应当考虑如何利用互联网来加强核保。例如，在网络寿险业务中，保险公司就可以与医院结成协作关系，通过互联网直接了解被保险人的以往健康状况，从而有效地规避被保险人逆向选择行为所导致的经营风险。网络保险的发展，将使保险企业面临更多的市场竞争。要想在激烈的竞争中取得立足之地，保险企业应努力发挥自己的创造性思维能力，密切跟踪不断变化的市场需求，充分利用互联网技术来创建自己的网络品牌，建立和维护保险企业的核心竞争能力。各级保监会要利用互联网技术加强对保险业的监管。通过互联网建立起对保险公司偿付能力风险的预警系统，将是未来保险监管的发展方向，也应是一种降低网络保险市场风险的有力手段。

延伸阅读：微信钱包新设保险入口 对标蚂蚁金服

北京商报 许晨辉 张弛 2017-08-15

随着互联网保险迅速崛起，这一领域成为越来越多社会资本追逐的一块"肥肉"。目前来看，尽管保险业的牌照大门正在收紧，但以 BATJ（百度、阿里、腾讯、京东）为首的互联网资本进入保险业的热情仍毫丝没有降温。北京商报记者了解到，腾讯已与富邦金控谈成合作，下半年将在微信钱包的"九宫格"中开设保险入口并上线保险产品，大有追赶蚂蚁金服的意味。

强势掘金保险业

近日，台湾富邦金控董事长蔡明兴曾表示，富邦金控正与腾讯合作在深圳成立合资公司，由富邦金控旗下的富邦财险开发或引进其他保险公司的保险产品，在腾讯的微信平台进行销售。据称，目前正在向监管机构申请牌照，有望尽快开业。

对此，北京商报记者采访腾讯相关人士表示，对此不予置评。

据媒体报道，腾讯于 7 月初推出了创新型重大疾病保险"企鹅保"，目前仅针对腾讯员工内部试水，该产品由腾讯占股 15% 的和泰人寿提供。在此之前，微信也曾作为平台上线华夏人寿等公司的保险产品。

腾讯掘金保险业，这已不是第一次。早在 2013 年，腾讯与阿里巴巴（后转至蚂蚁金服名下）、中国平安联手成立众安保险，持股占比 15%，成为众安第二股东，算得上拿到了国内首张互联网保险牌照。紧接着，腾讯在互联网保险领域开始大展拳脚。

在寿险公司方面，今年 2 月，和泰人寿获准开业。和泰人寿注册资本 15 亿元，腾讯全资子公司北京英克必成科技有限公司为第二大股东，持股比例为 15%；和泰人寿有 3 家并列第一大股东，持股均为 20%。

除了保险公司牌照外，在保险中介方面，腾讯仍不示弱，设立了微民保险代理有限公司，由腾讯的"孙公司"持股 100%，注册资本为 2 亿元。

此外，腾讯还拟发力香港保险市场，今年 1 月，与英杰华集团、高瓴资本达成协议，腾讯、高瓴资本收购英杰华人寿保险有限公司的部分股份。交易完成后，腾讯持有英杰华人寿的 20% 股份。至此，腾讯已成功拿到互联网寿险和保险中介两张牌照。

如果此次腾讯联合台湾第二大金融控股公司谈成合作，下半年将在微信钱包推出保险入口并上线保险产品。据介绍，产品将由富邦金控旗下内地子公司富邦财险开发或引进。

BATJ 聚首保险业

事实上，在 BATJ 里，阿里旗下的蚂蚁金服，从 2013 年就已开始打造互联网保险的平台。华泰保险就曾推出退货运费险，主要服务淘宝用户，与阿里合作堪称服务互联网的一次创新，赚足了眼球，但在众安保险落地之后，华泰保险被冷落了很多。

如此看来，微信钱包很可能效仿蚂蚁金服，以盘活腾讯庞大的基础用户，充分利用数据流量。百度平台、京东紧随其后，不过在互联网保险方面显得较为滞后。

在深挖互联网保险方面，腾讯和阿里有合作也有竞争，合作在于均为众安保险的股东，而竞争方面表现在均在积极争抢保险牌照，都试图在"互联网+保险"都大有作为，各自在打着自己的如意算盘。

阿里首当其冲，宣布增资入股中国台湾国泰金控在大陆的全资财产险子公司国泰产险，经过了较为漫长的积极争取，已过了监管关口，成为国泰财险的控股股东，并于不久前完成团队调整，3 位来自蚂蚁金服的董事正式入主国泰财险，推动其互联网转型。此外，由蚂蚁金服发起设立的信美相互人寿也已经开业，步入正轨。

在牌照争取方面，腾讯丝毫没有示弱。继众安之后，腾讯在人寿保险方面也紧锣密鼓、精心筹划，紧跟阿里步伐。如上述所提及，首先发起设立和泰人寿，而后购买英杰华保险股份，又成立微民保险代理有限公司。

由此看出，腾讯不只是想扮演分销平台的角色，而是要自己组建保险公司，再则，腾讯也拥有自己的银行、征信机构，正在进行大金融布局。此次联手富邦金控，绑定微信这个流量爆炸入口，前景可期。

与阿里、腾讯相比，百度和京东稍慢了半拍。百度与国寿签订了战略合作协议，还联手安联保险及高瓴资本发起成立了百安保险公司；京东在今年 6 月宣布了与阳光产险的相关合作。此外，包括苏宁、携程和乐视等互联网公司都在陆续开始相应的布局。

腾讯能否后来者居上

互联网公司积极参与保险业务，在很大程度上在于将庞大的后台数据进行再开发。

腾讯 2016 年报显示，微信月活跃用户达到 8.893 亿，移动支付月活跃账户数超过 6 亿，日均支付笔数也超过 6 亿。支付宝 2016 年全民账单显示，支付宝实名用户 4.5 亿人，71% 的支付笔数发生在移动端。过去两年，微信支付的调用活跃人数增加近 10 倍，支付宝增加了 3 倍。有数据显示，微信支付 2016 年支付总额 1.2 万亿美元，支付宝 2016 年实现了 1.7 万亿美元的支付额。这些活跃的用户都有望成为互联网巨头涉入保险业的"摇钱树"。

由此可见，微信拥有高于支付宝的流量基数，但支付额方面还是支付宝略胜一筹。此次腾讯在微信开启保险销售，同样是对标支付宝。有位互联网保险分析人士指出，由数据看来，各有优势。那微信作为一个社交平台，怎样更好地丰富应用功能，盘活客户，健全支付平台功能，成为首要难点。

作为平台，双方都可能将众多互联网场景化、碎片化的产品提供给用户。"在这只是最初级的保险中介网络，未来应该利用互联网技术或优势来提供更强的服务。"一位互联网技术开发人员如是指出。

据悉，今年以来，保险圈最火的词从"场景险"转变为"科技保险"。各大巨头都嗅探到风口，早早入场。而腾讯拥有海量的高黏度场景客户群，大有后来者居上之势。

今年6月，蚂蚁金服技术产品"定损宝"面世，帮助保险公司实现简单高效的自动定损。据估计，每年4500万件的私家车保险索赔案中，"定损宝"能覆盖的纯外观损伤案件占比约在60%，以每单案件的平均处理成本150元计算，有望每年为行业节约案件处理成本20亿元。微信钱包未来为用户提供高质量的保险服务将是能否后来居上的关键。

如今，业界对"科技化是保险业未来发展的趋势"已经形成了共识。而接近九亿的腾讯用户和微信生态构筑的高黏度场景，将是腾讯在发力保险领域中的最大优势。著名经济学家宋清辉表示，如今科技+保险发展的难点在于融合，融合的过程中可能会面临很多不确定性。

与此同时，保险业正加快研究和推动区块链技术应用，不断突破传统模式。比如，众安保险的优势在于场景化保险，而区块链就承担了一个创新的角色，可以推动了其在场景化保险中的客户服务。而平安也正投入巨资打造大数据系统。目前，基于大数据挖掘，平安已经实现很多金融产品的大数据应用，比如风险控制、保险定价、欺诈识别、精准营销、运营优化等。

第 7 章　网络期货

7.1　期货的产生与发展

随着商品经济的发展，商品交换的方式也不断发展，从最初的物物交易到现货交易、现货远期合同交易，最后发展到期货交易，经历了一个漫长的发展过程。期货和期货交易是商品经济发展到一定阶段的必然结果。自期货交易产生、期货市场确立之后，它不仅更好地满足了人们互相交易商品的需要，而且进一步完善和健全了市场体系和市场机制。人类社会从事商品交换，按时间顺序先后经历了三种商品交换方式：物物交易、现货交易和期货交易。目前，最常见、最基本的商品交换方式是现货交易和期货交易两种。

7.1.1　物物交易

物物交易是商品与商品直接换位的一种商品交换方式。它是人类社会中最古老、最简单的商品交换方式。在人类社会发展的早期，随着生产力的提高，剩余产品逐渐增多。由于社会的分工，互相交换劳动产品成为必要，于是出现了以物易物的物物交易。劳动产品由此逐渐变成用来交换的商品。

7.1.2　现货交易

现货交易是用商品去换取货币，再用货币去换回所需要商品的一种商品交换方式。现货交易与物物交易相比，它已不再是用一种商品去直接换取另一种商品，而是以货币为媒介，使一种商品与另一种商品间接地进行交换的一种新的商品交换方式。现货交易又分现货即期交易和现货远期合同交易。

7.1.2.1　现货即期交易

现货即期交易的基本做法是，由拥有商品并想马上出售换回货币的卖方与拥有货币但想买进所需商品的买方直接见面，讨价还价，成交之后即进行商品所有权转移和货币支付。现货即期交易的最大特点是灵活方便，只要买卖双方协商同意，就可以在任何地点，以任何方式进行交易。此外，由于它是一种成交后立即钱货两清的交易，在卖方得到货币，买方得到商品之后，一般就没有遗留问题。很显然，与早期的、简单的物物交易相比，这种现货即期交易更适宜时间和空间规模不断扩大的商品交换的需要，也相应地推动了商品交换和商品经济的发展。

7.1.2.2 现货远期合同交易

现货远期合同交易的基本做法是，由现货商品买卖双方事先签订在未来的某一个日期交割一定数量、质量的商品的合同或协议。在签订合同后，买卖双方不仅对买卖的商品数量、质量等级、交割日期进行协商，而且互相协商了一个价格，从而使买方事先取得相对稳定的货源，卖方事先取得相对稳定的销路；同时，在一定程度上为买卖双方提供了一条减缓未来价格风险的渠道。现货远期合同交易虽然解决了现货即期交易的某些不足，如在一定程度上对未来的供求关系起了稳定调节作用，但是仍然存在着一些缺陷。比如，某一产品生产商要在将来收获农产品后才运到现货市场上卖出，由于担心到时市场供大于求，卖不出去或降价销售带来的损失，所以事先与某一产品贸易商或加工商签订了现货远期合同。但到了收获季节，农产品价格大幅下跌，低于双方在合同中事先约定的价格，如果买方不履行合同，则卖方会承担风险损失。在现货远期合同交易中，由于签约双方是以信誉作为担保，所以，经常发生违约、毁约现象。为了解决现货远期合同交易中存在的缺陷，保证商品交换顺利进行，农产品生产商和农产品贸易商、加工商们，客观上需要一种更加稳定，更高层次的商品交易方式。

7.1.3 期货交易

期货交易是在期货交易所内买卖标准化的期货合约而进行的一种商品交换方式。期货交易是在现货交易基础上发展起来的，虽然还必须以商品与货币互相换位的实货商品流通为基础，但已从实货商品流通领域中独立出来，很少导致商品实体的位移，而发展成为一种表象为"买空卖空"的"纸上交易"。

国际期货市场在世界工业经济发展阶段应运而生。20世纪70年代，随着金融期货的创新和新型市场对期货交易需求的迅速增长，期货交易蓬勃发展。20世纪90年代以来，随着数字化和网络化的信息革命在全球范围内的普及，涌现出很多网络期货商，他们向机构投资者和个人投资者提供即时行情和网络期货交易，发布信息。网络期货交易在英国、瑞典等西方国家尤其突出。传统交易的地域和时间的局限不复存在。网络期货交易的发展主要表现为三个方面。

第一，从传统会员制的方式转向以计算机网络为依托的网络终端的方式。电子交易方式与传统的交易方式相比，降低了交易成本。然而，针对电子交易方式将完全取代传统交易方式的说法，也有人持反对意见，他们认为电子交易不能够反映交易近况，而且电子技术对市场变化的应对能力也表示了质疑。事实上，电子交易机制在使参与者的范围最大化的同时，还可以使交易成本最小化，因此电子交易最终将可能完全取代传统的期货交易方式。

第二，从区域性市场转向集中网络化的全球性市场。近几年，网络期货为了适应全球化市场的需要，正在寻求建立竞争的网络化市场。其主要的做法大体可分为两种：一种是国际主要的大型交易所建立跨地域的战略联盟，实现交易所会员共享和交叉保证金的制度，从而实现24小时全球化不间断交易；另一种做法就是统一交易软件平台和结算系统，形成区域化联网的交易中心，进而在其他国家和地区实现远程终端，形成全球化的网络。无论采取何种方式，这种全球网络化的进程都是不可阻挡的。

从传统单一市场的交易转向网络化的市场融合交易。经过十多年的发展，国际期货交易所的联合已经成为越来越明显的发展趋势，除了期货交易所之间的合作，这种融合还反映在期货交易所与现货市场之间，以及期货交易所与证券交易所之间。这种融合方式的出现，是由世界经济变化导致的，它适应了各种类型投资者的需求，随着电子交易系统的广泛应用，交易所的流动性和竞争力将得到进一步的增强。

我国的期货市场由中国证监会、期货交易所、期货经纪公司、期货兼营机构、套期保值者和投机商构成。国际上的期货市场是与股票市场、外汇市场并存的三大金融交易体系。期货市场为现货商提供了一个保值和购货的场所可以有效回避价格风险，同时又为投资者提供了一个投资获利的渠道。国内目前只有农产品期货和金属期货两类交易种类，分别在上海期货交易所、大连商品交易所和郑州商品交易所交易。而各个网站则构成了网络期货交易市场。

7.1.4　网络期货发展的原因

网络期货交易为期货公司和投资者都带来极大的便利。对于期货公司而言，网络交易打破了时空界限，大幅度降低了经营成本，且能满足投资者的不同信息需求。对于投资者来说，通过网络完成交易、查询、咨询等，可以节省时间和精力，能够快速便捷地获得有用的信息，使非现场交易成为可能。从国外期货业行业发展过程看，网络期货交易具有以下几个特点：

（1）所有的交易与服务均通过互联网或电话呼叫中心自动进行，不需直接借助工作人员。

（2）可以跨越时间和空间的限制，从而延伸了交易与服务的适用范围。

（3）所有服务可以精确地按照每个用户的需要自由定制。

（4）大大降低交易成本和服务成本。网络交易的应用可以通过交易环境的虚拟化来改变传统期货公司及分支机构运转所必须投入的基本条件，从而降低交易成本和服务成本。

（5）由于客户对经营场地硬件的关注度逐渐下降，通过网络运作的电子商务竞争只能依靠软性服务，而且网络跨越时空的能力会将这种优势服务能力无限制放大，加剧期货公司间的分化。期货的交易、查询、信息传递的准备、实施、完成直到后续处理，都是一种数据交换过程。与其他行业实施电子商务相比，期货行业的各类信息比较数字化，容易传输，不存在物流的限制。正是由于期货行业的电子商务少了传统电子商务四大要素（资金流、信息流、商流、物流）中的物流环节，因此其能够更快更好地实现。

7.2 网络期货概述

7.2.1 网络期货的概念

所谓期货，一般指期货合约，就是指由期货交易所统一制定的，规定在将来某一特定的时间和地点交割一定数量和质量的实物商品或金融商品的标准化合约。期货合约的交易标的，又叫基础资产，可以是某种商品如铜或原油；也可以是某个金融工具，如外汇、债券；还可以是某个金融指标，如三个月同业拆借利率或股票指数。以实物商品为交易标的期货叫做商品期货，以外汇、利率和指数股票价格指数等金融商品为交易标的期货统称为金融期货。证券类金融期货主要指利率期货和股票指数期货。网络期货是一个新兴的事物，最早起源于 20 世纪 90 年代初的美国，而我国则是在 1999年年底至 2000 年年初才开始发展。目前，学术界对网络期货还没有一个确切的定义。编者认为，网络期货是指投资者在互联网络进行的各种期货交易活动的总称。网络期货交易主要是各种期货的网络交易包括商品期货、股指期货、利率期货、货币期货等。

随着网络和通信技术的发展，期货市场的竞争越来越激烈。为了在竞争中获得更多的客户资源，期货经纪公司充分利用互联网和期货交易系统为投资者提供尽可能多的期货交易所的及时报价、金融信息、市场行情等服务。目前，期货交易的委托、成交和清算等过程，投资者都可以在互联网络进行，网络期货交易极大地便利了投资者，降低了交易成本。

（1）期货商品的条件

期货商品是指期货合约中所载的商品。并非所有的商品都能够作为期货商品进行交易，进入期货市场的期货交易品种，必须具备以下四个条件：

①交易量大，价格易波动。

②可储存，宜运输。

③品质等级容易划分。

④拥有众多的买主和卖主。

（2）期货商品的种类

尽管期货商品的条件比较严格，有时近乎苛刻，但符合条件的期货商品仍不断增加。大体地说，期货商品可以分为两大类：一类是商品期货，另一类是金融期货。

7.2.2 网络期货的发展阶段

从国内外期货行业的发展来看，期货交易的产生和发展可分为四个阶段。

第一个阶段。早期传统的期货交易方式是有纸化交易、公开叫价制度。这种方式的"市场人气"较旺，很容易表现出市场真实状况，有些交易所至今仍然采用这种交易形式。

第二个阶段。随着计算机和网络技术的发展，无纸化证券和期货等代替了有纸化运作，计算机和网络技术的"价格优先、时间优先"的撮合交易制度代替了公开叫价制度。特别是一些新兴的交易所发挥后发效应，一开始就采取了"价格优先、时间优先"，网络交易和撮合成交的形式，无纸运作代替有纸运作成为主要形式。

第三个阶段。网络交易服务、网络在线交易和其他交易方式并存。网络交易仅限于经纪公司与交易所之间的交易，散户与交易所之间的交易主要通过经纪公司的网络衔接完成。当前以网络交易服务为主，如提供交易行情、交易咨询、交易结算与过户等。与传统交易方式同时并存的有电话、电报乃至书信等委托申报交易形式，但主要是电话或刷卡委托形式。

第四个阶段。网络交易服务，网络在线交易为主要形式。随着计算机和网络技术的高速发展，投资者不仅需要接受网络提供的增值交易服务，而且需要直接在网络与交易所联机下单，进行实时网络交易。

当前，全球网络期货交易正处于由第三个阶段向第四阶段转变的时期。公开叫价制度仍然在一些传统交易所保留，同时电话委托、电报委托、书信委托等仍然存在，特别是电话委托仍然是主要形式。网络交易服务将起着越来越重要的作用，同时网络直接交易成为可能，并将逐渐成为重要形式。

7.2.3　实现网络期货交易的条件

（1）提高期货市场网络化水平

期货网络交易首先要把有形的市场与 Internet 连接，保证网络畅通，期货网络交易人员必须要具备一定的网络业务知识和操作水平。较高的网络化水平，是实现网络期货交易的重要前提。

（2）保证网络期货交易的安全性

为保证期货网络交易的可靠性和保密性，必须确保客户能通过网络交易软件登录营业部的服务器，并具有充分的安全性。因此，必须加强网络的安全检查工作。

（3）提高投资者和经营者素质，加快国民经济信息化进程

提高投资者和经营者素质对于期货业务创新是非常重要的，而国民经济信息化水平是网络期货交易重要的基础。

7.2.4　网络期货的特征

随着科学技术进步、网络时代的到来，期货网络交易正日趋成为全球期货市场一种新型的交易委托方式，网络期货交易的不断开展必将改变投资者的活动方式。网络期货交易具有成本低、不受地域限制、高效便捷的特点，在西方一些国家正在逐步普及。美国的网络期货交易始于 20 世纪 90 年代初，当时主要向机构投资者提供即时行情和网络期货交易。随着网络技术的发展和电脑网络的普及，涌现出很多网络期货商，向机构投资者和个人投资者提供分析资料，发布公司信息等。网络期货交易在英国、瑞典等西方国家的发展也是非常迅速的，期货交易网络化正成为世界潮流：在世界范围内的信息发展热潮中，中国的 Internet 业务也得到了迅猛的发展。与此同时，我国也开始 Internet 在期货业中的应用和实践。

与传统期货交易方式相比，网络期货交易具有以下优势：

第一，交易系统的开放性。网络期货交易通过 Internet，将处于各地的投资者聚集在无形的市场之中，因此交易系统是开放式的，其形式之方便灵活明显优于有形市场。

第二，交易手段的简便性。网络期货交易提供了一个全新的交易手段，可以强化期货交易中的风险管理。例如，网络期货交易可以通过设立网址、建立系统，来规避因硬件设施发生故障而带来的风险，而且因期货交易行为不再依赖实体化的场所，可以克服自然环境变化的影响，避免天灾和其他人为因素造成期货市场毁损使得期货交易被迫中断的风险。通过网络管理和交易，可减少传统的营业环节，降低营运风险。如投资者可直接通过网站实施投资决策，缩短中间环节，降低经营违规风险。

第三，资源配置的合理性。网络期货交易可以克服市场信息不对称的缺点，使资源合理化配置。市场经济的信息不完全和信息不对称，导致市场无法合理配置资源。期货交易中的信息不对称和不充分为部分掌握信息资源的人滥用比较优势、进行内幕交易提供了可能性。网络期货交易，可提高期货市场信息交易速度，有效地提高期货市场的定价功能和资源配置功能。

第四，交易成本的低廉性。网络期货交易减少了传统交易方式的时间成本、旅行成本、填单和报单成本，能比传统交易方式提供更便捷、更可靠、更全方位的投资服务和信息服务。

网络期货表现出了巨大的影响力，首先表现为对交易所、期货经营商和普通投资者三者之间的关系进行重新整合。网络期货交易使交易席位无形化，普通交易者可直接入市。另外，网络期货交易缩小了期货公司间的服务内容差别性，服务质量差异性成为主要的内容。期货公司网络期货交易的竞争将更加激烈。因此，现有的交易模式和市场结构受到网络化影响将发生深刻的变革，这要求期货营业者培养超前经营意识，努力改变管理营销模式，它同时对期货公司的人才素质、技术、业务拓展和客户服务等都提出了全新的要求。

7.2.5　网络期货的功能

金融期货市场具有独特的经济功能，是现代市场经济不可缺少的组成部分，在市场经济运行过程中发挥着重要的作用。

7.2.5.1　价格发现

期货价格是参与期货交易的买卖双方对未来某一时间的商品价格的预期。期货市场遵循公开、公平、公正的"三公"原则。交易指令在高度组织化的期货交易所内撮合成交，所有期货合约的买卖都必须在期货交易所内公开竞价进行，不允许进行场外交易。同时，期货交易的参与者众多，而且他们大都熟悉某种商品行情，具有丰富的经营知识、广泛的信息渠道及一套科学的分析、预测方法，能把各自的信息、经验和方法带到市场上来，对商品供需和价格走势进行判断、分析、预测，报出自己的理想价格，与众多对手竞争。这样形成的期货价格实际上就反映了大多数人的预测，具有权威性，能够比较真实地代表供求变动趋势，对生产经营者有较强的指导作用，有助于价格的形成。

7.2.5.2 套期保值

在金融市场中，投资者常常会面临不同的风险，如利率、汇率和证券价格的变化所引起的资产损失风险。有了期货交易后，投资者在现货市场上买进或卖出一定数量现货商品的同时，可以在期货市场上卖出或买进与现货品种相同、数量相当，但方向相反的期货商品（期货合约），以一个市场的盈利来弥补另一个市场的亏损，达到套期保值、规避价格风险的目的，其特点是：

第一，套期保值把期货交易与现货交易联系起来，两者同时并存，互相补充。

第二，套期保值者可利用期货市场与现货市场同时存在，"两面下注""反向操作"，进而在两个市场之间建立起一种"盈亏相互冲抵"的机制。

第三，套期保值者的目的和动机是为在现货市场上的买卖交易保值，而不是期望在期货市场上赚取差价盈利。

（1）套期保值的经济原理

套期保值交易之所以能取得保值的效果，是基于以下两条基本经济原理：同种商品的期货价格和现货价格之间会保持基本相同的走势，要涨都涨，要跌都跌；当期货合约的交割到来时，现货价格和期货价格之间会出现互相趋合的态势，即现货价格和期货价格会大致相等，此时两者之差逐渐趋近于零。

（2）套期保值交易的操作原则

在做套期保值交易时，交易者必须遵循四条操作原则，即交易方向相反原则、商品种类相同原则、商品数量相等原则、月份相同或相近原则；否则，所做的交易就可能起不到套期保值交易应有的效果，达不到转移价格风险的目的。

（3）套期保值的形式

根据套期保值者是预先在期货市场上占据买方位置还是卖方位置来划分，套期保值者所做的套期保值交易主要有两种基本类型：买入套期保值交易和卖出套期保值交易。

买入套期保值是指套期保值者先在期货市场上买进期货合约，然后在现货市场上买入现货的同时或前后，在期货市场上进行对冲，卖出原先买进的该商品的期货合约，进而为其在现货市场上买进现货的交易进行保值。买入套期保值又称多头套期保值。

买入套期保值的原理是买入套期保值者认为，目前现货市场的现货价格是合理的，并把它作为将来某个时间实际买进成交的目标价格。由于担心在将来具体成交时价格上涨，并把这一价格和目标价格之间的差额看作是损失，买入套期保值者希望这一损失能够在期货市场上得到补偿，于是先在期货市场买入相当于现货成交量的某一期货合约，而在现货交割时间的同时将期货合约卖出。由于同种商品的现货价格和期货价格之间会保持大致相同的走势，要涨都涨，要跌都跌，所以，当现货市场上该种商品价格上涨时，该种商品的期货价格也应上涨，从而，在期货市场上结束所做的套期保值交易，以比原先买进期货合约更高的价格卖出该商品的全部期货合约就能在期货市场上盈利，并且，期货市场上所获盈利额和现货市场上的亏损额会大致相等，进而就可以用期货市场上的盈利来补偿现货市场上的亏损，达到保值的目的。反之，如果价格不仅未如该套期保值者担心的那样上涨，反而下跌，那么，情况正好相反，在现货市场上会出现盈利，在期货市场上就会出现亏损，进而就可以用现货市场上的盈利来补偿在期货市场上的亏损，两者大体盈亏平衡。

买入套期保值交易业务的具体做法可分为两个步骤：第一步，交易者根据自己在现货市场中的交易位置，通过买进或卖出期货合约，建立第一个期货部位；第二步是在期货合约到期之前，通过与先前所持空盘部位相反的部位来对冲在手的空盘部位，建立第二个期货部位，结束套期保值交易业务。这两个部位的商品品种、合约张数、合约月份必须是一致的。买入套期保值交易的过程是首先买进期货合约，即买空，持有多头头寸；第二步才是卖出期货合约。在期货交易过程中，因先买期货后卖期货，故称为买入套期保值，或买入对冲。

卖出套期保值是指套期保值者先在期货市场上卖出期货合约，然后在现货市场上卖出现货的同时或前后，在期货市场上进行对冲，买进与原先卖出的该商品的期货合约，进而为其在现货市场上卖出现货的交易进行保值。卖出套期保值交易又称空头套期保值。

卖出套期保值的原理是卖出套期保值者认为，目前现货市场的现货价格是合理的，并把它作为将来某个时间实际销售成交的目标价格。由于担心在将来具体成交时价格下跌，并把这一价格和目标价格之间的差额看作损失，卖出套期保值者希望这一损失能够在期货市场上得到补偿，于是先在期货市场卖出相当于现货成交量的某一期货合约；而且在现货交割时间的同时将期货合约买进。由于同种商品的现货价格和期货价格之间会保持大致相同的走势，要涨都涨，要跌都跌，所以，此时该种商品的期货价格也应下跌，在期货市场以按原先卖出该种期货合约更低的价格买进该种期货合约，对冲后就会出现盈利，进而就能用期货市场上的盈利来补偿现货市场上的亏损，达到保值的目的。反之，如果价格不仅并未像该套期保值者所担心的那样出现下跌，反而上涨了，那么，情况会正好相反，在现货市场上会出现盈利，在期货市场会出现亏损，进而就可以用现货市场上的盈利来补偿期货市场上的亏损，两者大体盈亏平衡。

卖出套期保值交易与买入套期保值交易的过程相反：首先，卖出期货合约，即卖空，持有空头头寸，建立第一个期货部位；然后，买进期货合约对冲，建立第二个期货部位。在期货交易过程中，因为先卖期货后买期货，故称为卖出套期保值，或卖出对冲。

7.3　股指期货

7.3.1　股指期货的发展

7.3.1.1　股指期货的概念

股指期货的全称是股票价格指数期货，也可称为股价指数期货。股指期货是指以股价指数为标的物的标准化期货合约，双方约定在未来的某个特定日期，可以按照事先确定的股价指数的大小，进行标的指数的买卖。作为金融期货交易的一种类型，股指期货交易与普通商品期货交易具有基本相同的特征和流程。

7.3.1.2　股指期货的产生以及发展历程

（1）股票指数期货的产生

股票指数期货是现代资本市场的产物，20 世纪 70 年代，西方各国受到石油危机的影响，经济动荡加剧，通货膨胀日趋严重，利率波动剧烈，导致美国等发达国家股票市场受到严重打击，股票价格大幅波动，风险日益突出。投资者迫切需要一种能够有效规避风险、实现资产保值的金融工具，于是，股票指数期货应运而生。

1982 年 2 月 24 日，美国堪萨斯期货交易所推出第一份股票指数期货合约—价值线综合指数期货合约；同年 4 月，芝加哥商业交易所推出标准·普尔 500 种股票指数期货和约；5 月，纽约期货交易所推出纽约证券交易所综合指数期货交易。

以股票指数为依据，利用股指的涨跌进行交易，投资者只要了解国民经济总的发展情况、金融市场的利率情况和国内主要行业的发展前景，就可以预测股票指数的走势，避免了挑选股票的困难和减少了在单个股票中投资的风险，还可有效对冲所持股票价格的下跌风险。因此，股票指数期货吸引了机构投资者和个人投资者的广泛参与。使得这项金融创新不仅在美国得到推广，同时也备受各国金融界的关注，在世界范围内迅速发展起来。进入 20 世纪 90 年代以后，随着全球证券市场的迅猛发展，股指期货交易更是呈现了良好的发展势头。截至 1999 年年底，全球已有 140 多种股指期货合约在各国交易，成为国际资本市场中最有活力的风险管理工具之一。

目前，国际市场上主要的股指期货合约品种有：芝加哥商业交易所的标准·普尔 500 指数期货合约、E-MIMS&Psoo 指数期货合约；芝加哥期货交易所的道·琼斯工业平均指数期货合约；香港期货交易所的恒生指数期货合约、小型恒指期货合约；韩国期货交易所的 KoSP1200 股指期货合约；日本大阪证券交易所的日经 225 股价指数合约；我国台湾期货交易所的台湾股价指数期货合约等。

（2）股票指数期货的发展历程

股指期货是从股市交易中衍生出来的一种全新的交易方式，它是以股票价格指数为标的物的期货合约，属于金融衍生产品的范畴。尽管股指期货是金融期货中发展最快的品种之一，但是它的发展历程并非一帆风顺。纵观股指期货的发展历程，可以分为萌芽期、成长期、停滞期和繁荣期四个阶段。

①萌芽期（1982 年至 1955 年）

20 世纪 70 年代，西方各国受石油危机的影响，经济发展十分不稳定，利率波动频繁，通货膨胀加剧，股票市场价格大幅波动，股票投资者迫切需要一种能够有效规避风险、实现资产保值的金融工具。于是，股票指数期货应运而生。直到 1982 年 2 月 16 日，堪萨斯期货交易所开展股指期货的报告终于获准通过，24 日，该交易所推出了道·琼斯综合指数期货合约的交易，从此宣告了股指期货的诞生。交易一开市就十分活跃，当天成交近 1 800 张合约。此后，在 4 月 21 日，芝加哥商业交易所推出了标准·

普尔 500 指数期货合约，当天交易量就达到 3 963 张。1984 年，伦敦国际金融期货交易所推出金融时报 100 指数期货合约。这一时期，无论交易所还是投资者，都对股指期货特性不甚了解，处于"边干边学"的状态之中，市场走势还不太平稳。

②成长期（1986 年至 1987 年）

随着股指期货市场的不断发展，由于其买卖成本低、抗风险性强等优点，逐渐受到了投资者的追捧，股指期货的功能在这一时期内逐步被认同。由于美国股指期货交易的迅速发展，引起了其他国家和地区的竞相效仿，从而形成了世界性的股指期货交易的热潮。悉尼、多伦多、伦敦以及香港、新加坡等国家和地区也纷纷加入行列。股指期货交易在全球各大交易所如雨后春笋般地发展起来，其交易规模也在不断放大。随着市场效率的提高，使得大部分股市投资者已开始参与从股指期货交易，并熟练运用这一金融工具对冲风险和谋取价差。在这一时期，股指期货高速发展，期货市场的高流动性、高效率、低成本的特点得以完全显现，无风险套利行为由于市场的成熟而变得机会渺茫，但是同时孕育出了更为复杂的动态交易模式。

③停滞期（1987 年年底至 1990 年）

1987 年 10 月 19 日，华尔街股市大崩溃，道·琼斯指数暴跌 508 点，下跌近 25%，引发全球股灾。1988 年 Bra 街委员会报告提出了瀑布理论，指出股指期货的组合保险和指数套利，是造成股灾的罪魁祸首。为了尽快出清所持有的资产头寸，使用组合资产保险策略的机构往往在期货市场上大量抛售股指期货合约。大量抛售行为导致，股指期货合约价格明显低于现货市场对应的"篮子股票"价格，从而指数套利者利用期现之间的基差进行指数套利，即买进股指期货合约并卖出相应股票，由此期货市场的价格下跌导致现货市场的价格下跌，并进一步引发恶性循环。1987 年股灾导致美国的股指期货、期权受到较大冲击，交易量大大减少。此后，学术界的研究表明，股指期货并非是导致 1987 年股灾的罪魁祸首。尽管如此，为了防范股票市场价格的大幅下跌，各大证券交易所和期货交易所均采取了多项限制措施，例如采用"断路器"、限制程式交易（Program Trading）、每日价格限制等。随着市场对股指期货功能认识的统一与规则的完善，股指期货在 20 世纪 90 年代后出现繁荣局面。

④繁荣期（1990 年至今）

进入 20 世纪 90 年代后，全球主要股票市场的繁荣，以及机构投资者数量的迅猛增长，投资者利用股指期货进行风险对冲和套利的需求显著增加，股指期货交易规模不断增长。股指期货正成为近年来金融领域发展最为迅速的产品之一。

具体来看，股指期货呈现出如下发展态势：

其一，交易量不断上升并日渐占据主导地位。2006 年年初，美国期货业协会（FIA）发布《Annual Volume survey》。统计显示，2005 年全球期货、期权交易量达到近 99 亿手，其中，金融期货、期权为 91.39 亿手，占到 91.31%。股指期货、期权的交易量达到了 40.80 亿手，占到了金融期货、期权交易量的 44.64%，总交易量的 41.21%。可见，股指期货、期权已成为交易量最大的品种，几乎占据了全球期货期权交易的主导地位。

其二，品种不断创新和丰富。股指期货、期权的标的资产相当丰富，合约种类较多。根据相关资料，截至 2004 年年底，在加入了国际交易所联合会（FIBV）的 237 家证券交易所中，在 34 个国家或地区有 39 家交易所至少有一个股指期货或股指期权品种挂牌交易，共计 188 个股指期货品种。股指期货品种创新层出不穷，例如，为满足中小投资者的需求，芝加哥商品交易所（CME）推出 E — MIMS&Psoo 股指期货，香港交易所（HKFE）推出迷你型恒生股指期货；CME、KCBT 分别推出了以高科技类股指为标的 NAsDAQloo、KcBT 股指期货；欧洲地区推出了以全球不同经济区指数为标的的股指期货。

股指期货、期权交易以其特殊魅力，受到广大投资者的青睐。在 2005 年交易量居世界前 10 位的合约中，有 3 个为股指期货、期权，分别是在韩国期货交易所（KSE）上市的 KOSPUOO 股指期权、CME 上市的 E — MINIS&P500 期货，欧洲期货交易所（EUREX）道琼斯 Eurostoxx50 股指期货。

其三，股指期货在新兴市场的迅速发展。为适应国际金融自由化、一体化浪潮，提升本国证券市场的竞争力，许多新兴证券市场陆续推出了股指期货。在亚洲，韩国于 1996 年 6 月开设了 KOPSIZoo 股指期货；中国台北国际金融交易所于 1998 年 7 月推出了台证综合股价指数期货。在欧洲，俄罗斯、匈牙利、波兰等转轨经济国家均已开设了股指期货交易。南美的巴西、智利等国也成功地推出了各自的股指期货合约。

7.3.2　股指期货的含义与特点

金融期货品种分为外汇、利率与指数期货三大类。股指期货是指数类期货中的主导品种，也是金融期货中历史最短、发展最快的金融产品。股票指数期货交易指的是以股票指数为交易的期货交易。和其他期货品种相比，股指期货品种具有以下几个突出特点：

第一，相应的股票指数构成股指期货的标的物。

第二，以指数点作为股指期货的报价单位，以一定的货币乘数与股票指数报价的乘积来表示合约的价值。

第三，采用现金交割作为股指期货的交割，即不是通过交割股票，而是通过结算差价用现金来结清头寸。

7.3.3　股指期货的功能

股指期货具有价格导向、套期保值、资产配置等功能，具体是：

7.3.3.1　价格导向

股指期货交易采用集中撮合竞价方式，能产生未来不同到期月份的股票指数期货合约价格，预期股票市场的未来走势；同时，通过大量研究，发现股指期货价格通常领先于股票现货市场的价格，并有利于提高股票现货市场价格的信息含量。因此，股指期货与现货市场股票指数相配套，可起到国家宏观经济预警的作用。

7.3.3.2　套期保值

股指期货能满足市场参与者对股市风险对冲工具的强烈需求，促进股票一级市场和二级市场的发展。

（1）当上市公司股东、证券自营商、证券投资基金和其他投资者在持有股票时，可通过卖出股指期货合约规避股市整体下跌的系统性价格风险。这样，一方面可继续享有相应股东权益，另一方面可维持所持股票资产的原有价值，对整个股市而言，可减轻集中性抛售对股票市场造成的恐慌性影响，促进股票二级市场的规范与发展。

（2）股票承销商在包销股票的同时，为规避股市总体下跌的风险，可通过预先卖出相应数量的股指期货合约以对冲风险、锁定利润。

（3）应该说，只能通过相应的股票期货对冲个股的价格风险；但是，当股票市场出现系统性风险时，个股或股票组合投资就可通过股指期货合约进行套期保值。

7.3.3.3　优化资产配置

股指期货具有资产配置的功能：

（1）通过套空机制有效配置资产。套空机制使得投资者的投资策略从等待股票价格上升的单一模式转变为双向投资，使投资人的资金在行情下跌中也能有所作为而非被动闲置。

（2）有利于增加机构投资者，完善组合投资、强化风险管理。

（3）有利于加快市场流通性，提高资金利用率，完善资本市场的运作。

7.3.4　股指期货的作用

根据当前我国资本市场的特征与发展趋势，开展我国的股指期货交易具有积极的意义，具体表现在四个方面。

（1）缩减股市系统风险，保护广大投资者的利益。我国股市的一个特点是股指波动幅度较大，系统风险较大，这种风险无法通过股票市场上的分散投资来避免。开展股指期货交易，即可在一级市场为股票承销商包销股票提供风险回避的工具，又可为广大的二级市场投资者规避风险，确保投资收益。

（2）稳定股价。开展股指期货交易有利于提高股票现货市场的透明度；如果股票现货市场价格与股指期货市场间价差增大，将会引来两个市场间的大量套利行为，可抑制股票市场价格的过度波动。

（3）预警功能。股指期货是重要的国民经济领先指标，其交易状况可反映国民经济的未来走势，充分发挥其作为国民经济预警的功能。

（4）有利于培养机构投资者，规范市场运作。开展股指期货交易，可以为机构投资者提供有效的风险管理工具，增加投资品种，促进长期组合投资与理性交易，加快市场流动性，培育机构投资者，为规范资本市场运作打下基础。

延伸阅读：解读金融期货强制减仓制度

和讯网　董世聪 2017-07-28

为了更好地应对市场风险急剧增大的情况，有效地管理风险，我国金融期货市场实行了强制减仓制度。根据《中国金融期货交易所风险控制管理办法》，强制减仓是当市场出现连续两个及两个以上交易日的同方向涨（跌）停等特别重大的风险时，为迅速、有效化解市场风险，防止会员大量违约而采取的措施。

强制减仓的适用范围

强制减仓是境内期货市场特有的风险控制措施。期货交易出现同方向连续涨跌停板单边无连续报价或者市场风险明显增大情况的，交易所有权将当日以涨跌停板价格申报的未成交平仓报单，以当日涨跌停板价格与该合约净持仓盈利客户按照持仓比例自动撮合成交。

当期货合约连续两个交易日出现同方向单边市（第一个单边市的交易日称为 D1 交易日，第二个单边市的交易日称为 D2 交易日），市场收市后，交易所将已在计算机系统中涨跌停板价申报无法成交的且客户合约的单位净持仓亏损大于等于 D2 交易日结算价一定比例（股指期货为 10%，国债期货为 2%）的所有持仓，与该合约净持仓盈利大于零的投资者按持仓比例自动撮合成交。同一投资者持有双向头寸，则其净持仓部分的平仓报单参与强制减仓计算，其余平仓报单与其反向持仓自动对冲平仓。

客户合约的单位净持仓盈亏是指客户该合约的持仓盈亏的总和除以净持仓量。客户该合约持仓盈亏的总和是指客户该合约所有持仓中，D0 交易日（含）前成交的按照 D0 交易日结算价、D1 交易日和 D2 交易日成交的按照实际成交价与 D2 交易日结算价的差额合并计算的盈亏总和。

根据上述方法计算的单位净持仓盈利大于零的客户的盈利方向净持仓均列入平仓范围。

强制减仓的平仓顺序

根据强制减仓的规则，按照盈利大小的不同，盈利客户的持仓分成三级，逐级分配平仓数量。平仓数量首先分配给第一级盈利持仓（股指期货为单位净持仓盈利大于等于 D2 交易日结算价的 10% 的持仓，国债期货为单位净持仓盈利大于等于 D2 交易日结算价的 2% 的持仓）；其次分配给第二级盈利持仓（股指期货为单位净持仓盈利小于 D2 交易日结算价的 10% 而大于等于 6% 的持仓，国债期货为单位净持仓盈利小于 D2 交易日结算价的 2% 而大于等于 1% 的持仓）；最后分配给第三级盈利持仓（股指期货为单位净持仓盈利小于 D2 交易日结算价的 6% 而大于零的持仓，国债期货为单位净持仓盈利小于 D2 交易日结算价的 1% 而大于零的持仓）。

以上各级分配比例均按照申报平仓数量（剩余申报平仓数量）与各级可平仓的盈利持仓数量之比进行分配：第一级盈利持仓数量大于等于申报平仓数量的，根据申报平仓数量与第一级盈利持仓数量的比例，将申报平仓数量向第一级盈利持仓分配实际平仓数量。第一级盈利持仓数量小于申报平仓数量的，根据第一级盈利持仓数量与申报平仓数量的比例，将第一级盈利持仓数量向申报平仓客户分配实际平仓数量；再把剩余的申报平仓数量按照上述的分配方法依次向第二级盈利持仓、第三级盈利持仓分配；还有剩余的，不再分配。

强制减仓于 D2 交易日收市后执行，强制减仓结果作为 D2 交易日会员的交易结果。强制减仓的价格为该合约 D2 交易日的涨跌停板价格。交易所进行强制减仓造成的损失由会员及其客户承担。

强制减仓的意义和差别

当市场连续出现同方向单边市时，市场风险急剧增大，如果不采取措施，违约率会快速上升，对市场带来巨大风险，严重影响市场的健康有序运作；同时，中小投资者在面对市场风险时，难以有效应对，容易发生巨大损失。金融期货市场强制减仓制度的实施，一方面使得交易所能迅速、有效地化解市场风险，防止会员违约，另一方面也充分保护了中小投资者的利益。综合来看，强制减仓制度起到了促进金融期货市场有序发展的作用，保障了金融期货市场的安全、健康运行。

第 8 章　网络金融风险与监管

8.1　网络金融一般风险

风险是指行为结果的不确定性，这种不确定性可能会给行为者带来意想不到的损失。网络金融风险即是指在网络金融业务中，由于技术、管理上的原因或遭遇黑客攻击、病毒感染以及人为、自然的原因而致使交易数据丢失、被窃、遭破坏等各种可能性，进而导致网络金融交易各方利益遭受意想不到的损失，其中还包括通信信息和资金流对金融市场可能带来的冲击和危害。

传统金融面临的风险在网络金融的运行中依然存在，但是，网络金融采用与传统金融不同的方式扩展和创新金融服务业务与工具，这种金融服务具有超越时空的特征，因此类似的风险在表现形式及程度上有所变化。这些风险构成了网络金融的一般风险，具体包括市场风险、流动性风险、信用风险及操作风险等。

8.1.1　市场风险

市场风险是指因市场价格变动，金融机构资产负债表内外的资产与负债因为各项目头寸不一样或资产组合不合适而遭受损失的可能性。市场风险包括商品价格风险、利率风险、汇率风险等。商品价格风险是指市场价格的不确定性给企业的商品资产带来的收益或损失。其又可以根据原因的不同分为需求性风险、宏观性价格风险、政治性价格风险、政策性价格风险、季节性价格风险和突发性价格风险。利率风险是指网络金融机构因利率变动而蒙受损失的可能性。提供电子货币的网络银行因为利率的不利变动，其资产相对于负债可能会发生贬值，网络银行因此将承担相当高的利率风险。汇率风险是指网络金融机构因汇率变动而蒙受损失的可能性。网络金融的全天候无边界特性，有可能使其经营者更倾向于从事跨国界交易和国际金融业务，当外汇汇率变动时，可能使其资产负债表中的项目出现亏损，从而面临较大的汇率风险。

8.1.2　流动性风险

流动性风险即指资产到期时不能无损失变现的风险。流动性风险对于任何金融机构都是客观存在的。对于网络金融机构来说，因为电子货币的发行使其流动性风险具备另外的特性。通常情况下，发行机构不需要也不可能保持用于赎回电子货币的 100%的传统货币准备。但是一旦由于某些事件（如不稳健的投资导致资产损失从而出现资不抵债，或者受其他电子货币不良表现的影响）而引起对某一电子货币系统的信心危机，发行机构就可能面临严重的流动性风险。一般情况下，网络金融机构往往会因为流动性风险而恶性循环地陷入信誉风险当中。

8.1.3 信用风险

在网络金融交易的虚拟世界中，交易双方远隔千山万水，不直接见面，在身份的判别确认、违约责任的追究等方面都存在较大的困难。网络金融机构只能通过远程通信的手段，借助一定的信用确认程序对客户的信用等级进行评估。因此，网络金融机构的信用风险远较传统金融机构中发生的可能性大。客户很可能不履行对电子货币的借贷所应该承当的义务，或者由于客户网络登记所在地金融信用评估系统不健全等原因而造成网络金融机构的信用风险。例如，远程客户可以通过网络来申请贷款，如果网络银行没有完善的程序来审查客户的信用度，那么银行的信用风险势必加大。另外，从电子货币发行者处购买电子货币用于转卖的金融机构，也会由于发行者不兑现电子货币而承担信用风险。

8.1.4 操作风险

操作风险指网络金融机构由于自身交易系统、产品或服务的设计存在缺陷，机构内部管理失误或控制缺失，以及操作人员的操作失误等因素而导致损失的可能性。操作风险涉及的范围很广，如网络金融机构账户的授权使用，网络金融机构的风险管理系统运行，网络金融机构与其他金融机构和客户间的信息交流、交易实施及真假电子货币的识别等。以 2000 年 3 月 16 日在上海证券交易所上市的可转换债券"机场转债"为例，该产品面值为 100 元，当天上午 9 点 30 分开盘价为 1.88 元，随后的最低成交价甚至达到 1.20 元。9 点 35 分成交价为 2 元，9 点 37 分却一跃而起达到 100 元，当日最高价达 107 元，并最终报收于 101.06 元。之所以会有开盘短暂几分钟令人瞠目结舌的这一幕出现，是由于部分机场转债持有人对交易系统的报价规则不熟悉，因而操作失误，将机场转债当作面值 1 元的基金报价出售。上海证券交易所随后发出了两份通知，其中一份称"此次异常系少数投资者委托出现差错所致"，另一通知称"为最大限度地保护投资者的利益，决定对成交价低于 90 元的交易暂不办理交割手续"。

8.2 网络金融特殊风险

网络金融的特点决定了其引发风险的因素以及这些风险的影响与传统金融业不完全相同。网络金融除了具有传统金融业经营过程中存在的一般风险之外，还由于其特殊性而存在着基于信息技术导致的技术风险和基于虚拟金融服务品种形成的业务风险。

8.2.1 网络金融的技术风险

8.2.1.1 技术选择风险

金融机构为支撑网络业务的开展，必须选择一种技术解决方案，因而就存在所选择的技术方案在设计上可能出现缺陷或被错误操作的风险。例如，在与客户的信息传输中，如果使用的系统与客户终端的软件互相不兼容，那么就存在着传输中断或速度降低的可能。当各种网络金融的解决方案纷纷出台，不同的信息技术公司大力推动各自的解决方案时，金融机构选择与哪一家公司合作，采用哪一种网络金融解决方案，都将是金融机构存在的一种潜在风险。一旦选择错误，则可能使其所经营的网络金融业务处于技术陈旧、网络过时的竞争劣势，造成巨大的技术机会损失，甚至是巨大的商业机会损失。

8.2.1.2　系统安全风险

网络金融是基于全球电子信息系统基础上运行的金融服务形式，硬件及软件等出现故障或事故会引发新形式的风险。例如，1985 年 11 月，美国纽约银行的证券结算系统软件发生故障，使得整个系统陷入瘫痪。结果，银行对顾客委托购入政府债券的资金回收信息不能对外授信，使得购入债券的资金停滞入账。同时，美国纽约银行与他行之间的证券交割及其票款的支付和往日一样，在联邦储备银行的账户中自动进行。因此，该行的存款准备金账户出现透支。随着时间的推移，当故障排除后，一夜间从纽约联邦储备银行融资 226 亿美元，借入金额相当于该行自有资本的 23 倍，资产总额的 2 倍以上。结果，包括这一天的利息，该行损失达 500 万美元。根据对发达国家不同行业的调查，计算机系统停机、磁盘列阵破坏等因素对不同行业造成的损失各不相同，其中，对零售业和银行业的影响最大，其次是信用卡服务授权机构和制造业。由此可以看出，发达国家金融业的经营服务已在相当程度上依赖于信息系统的运行。信息系统的平稳、可靠运行，成为网络金融系统安全的重要保障。软、硬件的故障不仅会给金融机构带来直接的经济损失，而且会影响到金融机构的企业形象和客户对金融机构的信任水平。

8.2.1.3　网络黑客攻击风险

网络金融交易的运行必须依靠计算机，依靠 Internet，所有交易资料都在计算机内存储，网络信息的传递很容易成为众多网络黑客的攻击目标。在一些发达国家和地区，电脑黑客对 Internet 的攻击十分猖獗，有些已发展成为有组织的行为。他们往往针对 Internet 自身的一些缺陷，利用更为高超的方法和工具破坏网络数据，给网络金融的发展造成极大的危害。例如，在我国台湾地区，新闻媒体多次披露电脑黑客入侵股票交易网络。台湾地区的股市交易是一个封闭系统，只接受单一证券商委托交易的功能指令，外人无法进入。客户资料的外露只有在证券商电脑主机与外界联系时才会发生，外界入侵只能在网络下单、证券商内部网络和证券商在网站设站三个方面。台湾证券业自称其安全系统如何了得，但是还是出现了网络黑客的侵袭事件。目前，不少客户不敢在网络传送自己的信用卡账号等关键信息也是基于这个原因，这严重制约了网络金融业务发展。

随着金融电子化网络系统覆盖面的扩大、服务项目的增多，以及金融终端机向社会延伸，黑客袭击和网络金融发生技术性风险的可能性越来越大，危害越来越严重：①潜在攻击者增多。网络银行等开展网络金融业务的机构可能面对的外部攻击来自上亿的网民，而且这个数字还在快速增长。②攻击手段不断翻新，带有高度的技术复杂性，不具备相当程度的计算机知识，很难发现和对付。③攻击范围增大。由于综合网络系统固有的技术特征的内在关联性，只要突破了一项业务的系统堡垒就可能在整个综合网络内畅行无阻。在这种情况下，造成的后果无疑更加严重。④多数通过终端机犯罪，所以不会留下有关笔迹、相貌等带有个人特征的数据，给确认罪犯带来困难。

8.2.1.4 计算机病毒破坏风险

现阶段计算机病毒越来越多，病毒的入侵往往会造成网络主机的系统崩溃、数据丢失等严重后果。据《华尔街日报》消息，2017 年 5 月肆虐全球的勒索病毒造成的直接经济损失或达 80 亿美元。计算机病毒普遍具有较强的再生异化功能，一接触就可通过网络进行扩散与传染。一旦某个程序被感染，很快整台机器、整个网络也会被感染。据有关资料介绍，在网络上病毒传播的速度是单机的几十倍。这些病毒如不能被有效防范，将会毁坏所有数据，给网络金融带来致命威胁。

8.2.1.5 外部技术支持风险

由于网络技术的高度知识化和专业性，或出于对降低运营成本的考虑，金融机构往往要依赖外部市场的服务支持来解决内部的技术或管理难题，如聘请金融机构之外的专家来实现支持和操作各种网络业务活动。这种做法适应了网络金融发展的要求，但也使自身暴露在可能出现的操作风险之中，外部的技术支持者可能并不具备满足金融机构要求的足够能力，也可能因为自身的原因而中止提供服务，这将会给金融机构提供高质量虚拟服务构成威胁。

8.2.2 网络金融的业务风险

网络金融基于提供虚拟金融服务会形成的业务风险，其主要包括法律风险、实用性风险、信誉风险、注意力分散风险、链接服务风险等。

8.2.2.1 法律风险

法律风险来源于违反法律、规章的可能性，或者来源有关交易各方的法律权利和义务的不明确性。网络金融属于新兴事物，大多数国家尚未有配套的法律法规与之相适应，造成了金融机构在开展业务时无法可依。金融机构通过互联网在其他国家开展业务，对于当地的法规可能不甚了解，从而加剧了法律风险。例如，网络银行通过国际互联网吸引国外客户，发售的电子货币可能在注册地以外流通，使得银行未能遵守该国法规，造成预想不到的法律方面的纠纷。有关网络的法律仍不完善，比如电子合同和数字签名的有效性，而且各国情况也不一样，这也加大了金融机构的法律风险。

8.2.2.2 实用性风险

所谓实用性是指网络金融服务能够满足客户不同需求的特性。实用性风险则主要是指由于客户自身条件和需求内容的不同，要求网络金融机构所提供的服务也各不相同而造成的风险。由于个体金融机构的经营理念和文化背景不同，有的强调稳健性，有的侧重于快捷性。稳健型金融机构视交易安全为第一，客户资金安全能够得到充分的保证，但在网络实际进行交易时，往往表现出手续繁杂、认证过程较长的弊端；快捷型网络金融机构进行交易时一般速度较快，认证解密时间较短，但安全性有所降低。还有的网络金融机构因强调其业务的特殊性，成为脱离实体机构之外的一个独立系统，或者两者关联部分甚少。如此众多的差异导致了客户对网络金融机构的不同认识，客户在进行网络交易时会根据自己的实际需求情况，对各个机构的交易及特点进行认真的比较，以选择能够充分满足自身需求的网络金融服务。因此，实用性在网络金融中有着其独特的地位与作用，在工作中如不加以重视，就会出现失去客户的风险。

8.2.2.3　信誉风险

对开展网络金融服务的金融机构来说，提供一个可靠的网络是至关重要的。如果金融机构不能持续地提供安全、准确和及时的网络金融服务，金融机构的信誉将受到损害。同样，如果金融机构不能及时地回复客户在电子邮件中的询问，或者泄漏了客户的信息，也将对金融机构信誉造成不利影响。重大的安全事故无论是由外部还是内部攻击造成的，都将降低公众或市场对该金融机构的信心，进而对整个网络金融系统的安全性和可行性产生怀疑，在极端情况下，这可能会导致金融系统的崩溃。

8.2.2.4　注意力分散风险

注意力分散风险主要是指网站因吸引不到足够的点击者，无法形成一定数量的固定浏览群体，而造成潜在客户流失，金融机构收益下降的可能。由于网络的普遍性与公平性，个体消费者在众多网站面前享有充分的自由选择权。同时，网络金融的虚拟性又使其失去了实体金融机构在营销过程中与客户进行面对面亲切交流的机会，造成客户与金融机构之间亲和力下降。

8.2.2.5　链接服务风险

链接服务风险主要是指网络银行等金融机构链接不到足够的电子商务网站，银行无法为客户在网络消费提供支付服务，造成客户转移注册，并最终导致收益损失的可能。客户在网络消费到哪里，所注册的网络银行等金融机构就应跟踪链接到哪里。网络银行等金融机构要实现盈利目标，就必须吸引到大量的客户。为此，网络银行一方面要向社会公众做好宣传与营销，提高自己品牌的知名度，另一方面，要做好与其他著名商务网站的链接，让他们提示客户在进行消费时优先链接到自己的网址，使用本行提供的交易支付工具。如果网络银行等金融机构链接不到足够的电子商城或知名网站，就会出现客户流失现象，并最终影响到金融机构的经济收益。

8.3　网络金融风险的成因、特点及爆发

8.3.1　网络金融风险的成因

网络金融风险，无论是一般风险还是特殊风险，其产生的原因可以从网络金融机构自身、客户信用、网络系统、法律法规和中央银行监管五个方面分析。

8.3.1.1 网络金融机构自身

网络金融是 20 世纪 90 年代中后期才出现的新生事物，在网络金融规模和客户迅速扩大的同时，网络金融机构对网络金融的经营和管理无论是在经营管理理念，还是在经营管理策略方面都缺乏足够的经验，这就不可避免地产生一系列问题，因此导致网络金融面临的各种风险。

8.3.1.2 客户信用

网络金融风险来自客户信用方面的原因主要是由于社会信用体系不够健全。在一个金融交易体系中，当所有的参与者不讲信用，却不必为失信支付代价或只需支付很小代价时，整个社会将要为此付出高昂的代价。当前我国社会金融运行中，客户、企业与银行之间的信用观念相对欠缺，比较混乱的信用管理导致在我国很多企业不愿采用信用结算的方式。

8.3.1.3 网络系统

网络金融相比于传统金融，是建立在充分开放、管理松散和不设防护的公共网络上面的。网络金融"3A"的客户服务使其更容易受到攻击，受攻击的范围更大，方法也更加隐蔽。网络金融的货币是以电子货币的形式出现的，电子货币的活动在网络中主要表现为数据的存储和传输。无论是存储或是传输，任何一个环节出现问题，都会影响数据的真实性和正确性，进而影响电子货币活动的准确性，最终导致网络金融产生难以估量的损失。从网络金融产生的基础和发展来看，网络系统方面所造成的风险是网络金融随时都会面临和必须应对的。

8.3.1.4 法律法规

作为一种迅速崛起的新型金融产业组织形式，网络金融的立法往往滞后而不能给予及时、全面的法律规范。另外，网络金融的国际性和跨国性，需要一个与国际接轨的法律体系，但很多国家的法律制度建设距此还有相当大的距离。

8.3.1.5 中央银行监管

网络金融完全突破了传统金融的经营模式，特别是其不受地域和时间的限制，所有业务都以数字化的形式在线运行，金融机构和客户之间的往来全部以不见面的方式进行，各项金融业务可以在瞬间完成，巨额资金可以不受国界制约实现跨国流通，特别能使那些国际游资更加疯狂、投机地自由进出各国金融体系。这样的情况使得金融监管当局传统的现场检查和非现场监管方式失去效应。中央银行对本国的资金流向无法把握，各类金融产品及其衍生产品更加无从监管，很容易造成一国中央银行监管不力而爆发金融风险。

8.3.2 网络金融风险的特点

网络金融面临的风险在本质上与传统金融没有区别，但采用网络技术的网络金融运行造成了金融风险的放大效应，主要表现在以下五个方面。

第一，在网络金融环境下，所有金融交易均表现为货币电子信息的转移与传递，在网络系统中运转的已不是有形货币与资金，而仅仅是代表货币资金的电子信号，这种电子信号所代表的货币可以大大超过实际所存在的货币，金融活动的运行更加虚拟化了。

第二，网络金融具有快速远程处理功能，这虽然为便捷、高速的金融服务提供了条件，但也使支付、清算风险的国际性波及速度变快，范围变广。风险的积聚与发生可能就在同一时间内，使预防风险变得困难。在纸质结算中，对于出现的偶然性差错或失误，有一定的时间进行纠正，现在，这种回旋余地大大缩小，错误的扩散面加大，补救成本加大。

第三，网络金融的整个交易过程几乎全部在网络完成，使金融业务失去了时间和地域的限制，交易对象变得难以明确，交易过程更加不透明，导致中央银行难以准确了解金融机构资产负债的实际情况，造成信息不对称，使风险集中，速度加快，风险形式更加多样化。

第四，金融风险交叉"传染"的可能性增加了，在一国国内，原先可以通过分业设置市场屏障或特许等方式，将风险隔离在一个个相对独立的领域中，分而化之，但现在这种"物理"隔离的有效性正在大大减弱。在网络金融中，各国金融业务和客户的相互渗入和交叉，使国与国之间的风险相关性正在日益加强。

第五，金融危机的突然爆发性和破坏性加大。当金融交易越来越多地通过互联网进行时，这些全天 24 小时连续运转的交易系统，在给投资人提供便利的同时，也更容易造成全球范围内影响更大、更广、更深的金融市场风险。近几年全球频频出现的衍生性金融商品风险事件，主要就是通过网络交易方式进行的。在网络时代，只要轻轻敲几下键盘，资金即可到达地球的任何一个角落。在如此快捷的融资条件下，市场波动的突发性和剧烈性是可想而知的。一些超级金融集团为实现利益最大化，可利用国际金融交易网络平台进行大范围的国际投资与投机活动，但却部分地逃避了各国金融当局的监管，加大了金融危机爆发的突然性。而危机一旦形成，就会迅速波及相关的国家。国际游资对泰国的冲击及由此引发的东南亚金融风波即是先例。

8.3.3　国际网络金融风险的爆发

进入 20 世纪 90 年代以来，金融危机频繁爆发：先是在 1992 年爆发了英镑危机，然后是 1994 年 12 月爆发的墨西哥金融危机，最为严重的是 1997—1998 年东亚金融危机。1997—1998 年的东亚金融危机充满了戏剧性：当 1997 年泰国政府动用外汇储备保卫泰铢的艰难战役失败而不得不让其贬值的时候，许多人甚至在地图上找不到这个偏僻小国的位置，但是，风起于青萍之末，几乎所有的经济学家都没有预测到，一场规模浩大的金融危机爆发了。金融危机如飓风一般席卷东南亚各国，然后顺势北上，在 1998 年波及刚刚加入 OECD（经济合作与发展组织）的韩国。这场金融危机的波及范围甚至到了南非和俄国。到了 20 世纪 90 年代中期，特别是亚洲金融危机爆发以来，发达国家的金融监管当局十分重视风险评测模型的开发，利用金融工程方法和统计分析方法、人工智能技术、神经网络技术等，开发各种风险评测模型，对金融机构的各类风险进行分析、预警和预测。互联网出现后，信息的传播速度加快，信息量增大，知识爆炸。信息的爆发性带来经济风险压力。财富的爆发式增长，企业和个人财富迅速积累。这些爆发性在社会管理、商业组织和思想没有及时跟上的情况下，有可能造成商业周期的断裂、产业成长周期的断裂和社会关系的断裂，引起社会经济的不安全。个别发达国家可能将网络霸权、信息霸权和原有的资本霸权、技术霸权结合在一起，谋求帝国霸权。也有微观上的金融风险隐患，如信息失真风险、知识产权风险、管理失效风险、技术风险等。

8.4　网络金融监管的复杂性

网络金融所借助的互联网技术的复杂性、高速发展的特点及其产生的特殊风险，使得网络金融监管更加复杂化，监管的难度更大，挑战更多。

8.4.1　网络金融的虚拟性增加了检查难度

网络金融的虚拟性，使得监管当局对这种虚拟金融交易的合法性检查存在难度。网络金融机构一般主要通过大量无纸化操作进行交易，不仅无凭证可查，而且一般都设有密码，使监管当局无法收集到相关资料做进一步的稽核审查。同时，许多金融交易在网络进行，其电子记录可以不留任何痕迹地加以修改，使确认该交易的过程复杂化。监管当局对金融业务难以核查，造成监管数据不能准确反映金融机构实际经营情况，即一致性遭到破坏。在网络金融条件下，监管当局原有的对传统金融机构注册管理的标准也许难以实施，网络金融机构可以注册一家机构，但是它可以通过多个终端，获得多家分支机构的服务效果。

8.4.2　法律缺位问题

一方面，随着世界经济一体化的进程，网络金融呈现爆炸式的发展速度；另一方面，世界各国尤其是发展中国家推出网络金融相关法律的步伐上跟不上日新月异的网络金融业务。这一点在我国表现得尤其明显。尽管我国每年都有与网络金融相关的各种法律出台，但相比于国外的同类法律和我国迅猛发展的网络金融业务，仍然有较大缺口。多年来我国已经制订了一些有关网络金融的法规和规范性文件，主要包括《银行卡业务管理办法》（1999 年 6 月）、《电子签名法》（2004 年 8 月）、《电子认证服务管理办法》（2005 年 2 月）、《电子支付指引（一）》（2005 年 6 月）、《电子银行业务管理办法》（2006 年 1 月）、《电子银行安全评估指引》（2006 年 1 月）、《外资银行管理条例实施细则》（2006 年 11 月）等，但仍存在不少问题。

我国的网络金融法是由传统金融法演变而来，较为滞后；缺乏电子票据、网络保险等法律制度；网络金融法针对表层问题多，缺乏深层规范，层级较低。比如，2006年 3 月 1 日正式施行的《电子银行业务管理办法》虽有很大进步，但与新加坡货币局2001 年 7 月发布的《网络银行业务技术风险管理条例》相比，还不够详细、具体，仍需完善。

《中华人民共和国网络安全法》于 2017 年 6 月 1 日正式实施，明确指出银行业及金融机构不仅是网络服务的提供者，也是关键信息基础设施的运营者，一方面，突出了金融行业的战略地位和价值；另一方面，也明确了银行业及金融机构做好自身网络安全工作的义务和责任。金融行业需要依据《网络安全法》的法律要求，加快落地实施。

8.4.3　网络金融机构的跨国界经营带来了新的挑战

互联网使得金融机构可以轻松地进入外国市场。虽然传统的金融机构一直以来也提供跨国金融服务，但互联网技术增加了各国当局在监管责任上的模糊性。各国对网络金融监管的严厉程度不一，究竟是采用东道国的法律来进行监管，还是由母国根据其法律来监管呢？这种情况可能导致对网络金融的跨国活动监管不充分。但是，不管怎样，有一点是很明确的，如果没有母国监管当局的合作，东道国要监督或控制网络金融机构在本国的活动是十分困难的，因为它在本国可能不设分支机构，而仅仅通过互联网来提供服务。

8.4.4　网络金融发展对监管机构的技术水平和装备提出了高要求

网络金融以信息技术为核心，日新月异的信息技术不断改变金融机构的经营方式和内容，监管机构必须不断更新其技术和知识，才能跟上这些变化。因此，监管人员必须具有良好的素质，对信息技术和金融知识都需熟练掌握。但是，许多被监管对象总是能借助 Internet 的广泛性和多样性找到监管当局一时难以找到解决方案的市场机会和生存环境。此外，由于网络技术的发展，对于银行（或银行服务）等的定义越来越模糊，非银行机构借助网络技术也很容易在网络提供类似银行等的服务，而未经监管机构的许可或监督，这也增加了监管的难度。

8.4.5　对网络金融监管的力度把握同样较为困难

对网络金融监管的力度应该多大？如果对网络金融实施较严格的监管，可以有效地降低网络金融的风险，但是却可能降低国内金融业的竞争力，造成金融业的衰败。网络金融机构的竞争力在一定程度上依赖于技术进步和业务创新，过早或过于严格的管制都有可能抑制这种创新。同时，网络金融的模糊疆界性和相对较低的转移成本，使监管也形成了一个竞争性市场，据有关统计研究，网络金融的资金和客户，都会向"软"规则的国家（地区）迁移。侧重于保护本国的监管政策，会造成社会资源和福利的损失。因此，监管机构在引入新规则和政策时，应注意在保证网络金融安全、可靠运行的同时，不抑制创新和金融机构的竞争力。对网络金融监管中的困难和问题的存在，要求监管当局必须慎重考虑监管的策略和措施，以避免一些不必要的弯路。

8.5 网络金融监管的目标与原则

8.5.1 网络金融监管的目标

网络金融监管的目标可从宏观和微观两个层面来分析：宏观上，应通过金融监管确保国家金融秩序的安全，保障货币政策的实施；微观上，要维护金融机构间的适度竞争，并保护存款人、投资者的利益。具体而言，网络金融监管的目标包括以下四个方面。

（1）确保国家金融秩序安全

金融系统是一个庞大的网络，其内部存在千丝万缕的联系，如果一家金融机构遭遇风险，往往会引起连锁反应，导致一系列金融机构经营困难。所以，金融监管当局的首要目标是维护国家金融体系的安全和稳定，更好地带动和促进实体经济的发展。

（2）保障货币政策的实施

当今各国普遍采用货币政策进行宏观调控，作为货币政策的实施主体，中央银行实施公开市场操作、存款准备金和再贴现率调整都要以银行金融业为载体。因此，网络金融监管当局应通过外部监管，使得电子货币的发行能够及时准确地传导和执行中央银行货币政策的调控意图和目标，保证货币政策的顺利执行。

（3）维护金融机构间公平有效的竞争

适度的竞争环境既可以保持网络金融机构整体上的经营活力，又可以避免恶性竞争导致金融机构经营失败而破产倒闭，影响国家经济安全。为此，金融监管当局应致力于创造一个公平、高效、有序的竞争环境。

（4）保护存款人及投资者利益

金融监管当局应从技术监管和经济监管两方面双管齐下，维护网络金融运行安全，保护存款人及其他投资者的权益。

8.5.2 网络金融监管的原则

要实现上述目标，网络金融监管还应遵循一些基本原则，主要包括依法监管、动态调整、安全稳健与经济效益相结合、自我约束与外部强制相结合以及适度竞争等原则。

（1）依法监管原则

依法监管指金融监管当局的监管目标、政策制定及实施应以法律为依据，坚持监管的合法性、权威性、严肃性、强制性和一致性，依法对网络金融机构履行领导、管理、协调、监督和稽核等职能，规范金融活动各主体的权利、义务和行为准则，从而确保金融监管的积极性、有效性。

（2）动态调整原则

金融监管应与网络金融业的发展保持同步，以免成为金融业发展的羁绊。金融监管当局一方面应尽快对不适应金融发展形势的规则进行修订，避免压制金融创新的积极性；另一方面还应具备一定的前瞻性，在把握金融市场走向和市场结构演变趋势的基础上调整监管政策，缩短监管的政策时滞，提高监管的事前性和先验性。

（3）安全稳健与经济效益相结合原则

为维护国家金融安全，金融监管当局所制定的金融监管法律、法规和相关政策应在宏观上有助于防范和化解金融风险，保障金融系统的安全稳健；同时也着眼于为各类金融机构的稳健经营和金融市场的有序运作提供完善的服务，优化金融环境，实现网络金融风险防范与效益提升两者间的协调发展。

（4）自我约束与外部强制相结合原则

金融监管当局与监管对象之间存在着信息不对称。一方面，如果金融监管当局放弃外部强制监管，则金融机构出于内在的逐利天性，容易产生逆向选择和道德风险行为，难以实现自我约束，从而滋生和积聚金融风险；另一方面，如果仅靠金融监管当局实施外部强制干预和监管，作为被监管对象的网络金融机构完全可以利用信息不对称来逃避和对抗监管，从而加大金融监管的难度，影响监管的效果。因此只有将金融机构的自我约束和外部强制监管两者有机结合才可能收到较为理想的效果。

（5）适度竞争原则

金融业一方面具有规模经济和范围经济效应，存在自然垄断倾向；另一方面，在网络金融背景下，软件技术公司和网络服务供应商等非金融机构通过各种方式积极进入网络金融领域，有可能出现过度竞争和破坏性竞争。因此，金融监管当局应通过外部监管来创造和维护一个适度竞争的环境，既避免网络金融业出现高度垄断的局面，保持金融系统的活力与效率，又防止出现恶性竞争而影响金融系统的安全和稳定。

8.6　网络金融监管的内容与措施

8.6.1　网络金融监管的内容

对网络金融的监管可以分为两个大的方面，一是针对网络金融机构提供的网络金融服务进行监管；二是针对网络金融对国家金融安全和其他管理领域形成的影响进行监管。鉴于网络金融的特殊性，对其的监管目前应主要体现在带有全局性的问题上。

8.6.1.1　对网络金融的服务程式和真实性的监管

实际上，网络金融机构可以更准确地被定义为一种先进的网络金融服务系统，对该系统中金融服务的确切性、真实性、合规性的监管应是网络金融监管的重点。首先，网络金融机构的业务应符合国家的金融政策，尤其是要控制网络金融机构利用其相对于传统金融服务方式的低成本优势进行不正当竞争。其次，对于网络金融机构提供的各项金融服务，因各金融机构间发展特色及侧重点各异，在相似名义下的金融服务内容，尤其是使用该项服务的用户若接受不同的协议，必将造成整个服务提供的混乱。因此，应形成一套规范化的"行业服务规范"，对在线支付、网络保险、网络证券交易等各种网络金融服务进行条例式的规定。网络金融的优势之一在于将服务的空间范围极大地扩展而吸引客户。那么服务标准的制定则是整合网络金融资源的基础。这些标准的制定应由最高监管机构负责，同时赋予这些标准以强制性色彩。就服务的真实性监管而言，应当建立网络金融交易确认系统。对于每一笔网络金融业务，用户有权利提出交易确认。

8.6.1.2 对网络金融系统安全的监管

网络金融发展最关键的因素是安全问题，如何确保交易安全是网络金融发展的关键。强制要求网络金融机构采取防火墙、虚拟保险箱和其他加密技术来保护自己并保护客户利益不受损害是极其必要的。监管当局应成立专门的技术委员会对网络金融的系统安全进行资格认证和日常监管，对网络金融机构的系统分布安全提出监管规范，要求其按任务要求，层层设墙，分级授权。从整个网络安全运作的高度，从每个安全环节入手实施网络安全的控制和管理，结合网络防病毒一并考虑，进行网络实时、动态测试，在不断遭受攻击或意外事故的同时让网络防护措施不断加强。

应该意识到，对网络金融的系统安全监管始终是有限的，网络失败的可能性客观存在，因此，从政策上规定网络金融机构的风险责任分摊机制同样极具现实意义。对网络金融而言，有的损失比较容易分摊责任，有的则很困难，如人力不可抗拒的灾害事件、黑客入侵等造成的损失。从长远发展看，监管者应让网络金融机构承担大部分此类风险，以迫使金融机构不以高度技术化的系统安全为借口损害客户利益。

8.6.1.3 对消费者的权益进行监管

面对网络金融，消费者和顾客处于一个信息不对称的被动地位，与网络金融机构相比，消费者是网络技术背景下的弱势群体。除了消费者应注意加强自身风险意识外，风险控制的主动权很大程度上取决于监管者和网络金融服务的提供者。

应当避免网络金融机构利用自身的隐蔽行动优势向消费者推销不合格的服务或低质量高风险的金融产品，损害消费者利益。网络金融机构对客户资料和账户交易资料有保密的义务，未经客户许可或特定执法机关执法要求，金融机构不可以将客户资料向第三方提供。此外，还应当考虑与网络金融高技术服务特点相应的责任。由于网络金融服务隐含了对高效率时间利用和使用便捷的承诺，客户通过网络金融完成金融交易时责任一方对损害的赔偿不仅应包括对市场交易直接成本的赔偿，还应包括对市场交易效率成本的合理赔偿。比如，消费者接受网络银行业务和参与电子货币行为的动机在于其便利和效率，如果因为网络银行人为或技术的原因，丧失应有的便利性，不能及时获得流动性、不能按预期的高效率实现支付结算功能等，那么除了由此造成的直接损失外，对间接损失也应该适当考虑由事先承诺提供这些便利的金融机构来承担。

8.6.1.4 对利用网络金融方式进行犯罪的监管

网络金融及电子商务的特点在于用户的分散、隐匿，向开户账户键入一串代码，就可享受各式金融服务，资本也可实现跨国流动。这就为网络"洗钱"、公款私存、偷税漏税等犯罪活动提供了便利。基于网络金融的飞速发展，犯罪分子无疑会进行充分的"网络犯罪创新",各国中央银行及早防范并进行监管是整个网络安全健康发展的重要一环。为防范网络金融犯罪,中央银行可以通过立法,并建立自身的数字认证中心,以签发代表网络主体身份的"网络身份证",来对参与网络金融交易的企业和个人进行识别,以加强对进入网络系统的资金来源和流向的合法性审核。

8.6.1.5 对网络金融跨境金融服务的监管

网络使人们的生活打破了国界,在全球范围内自由地传递信息和思想。而网络金融机构实质上更是覆盖全球的、容纳较多金融服务的虚拟金融机构,理论上它可以实现任何地点、任何时间、对任何客户提供任何金融服务的要求。网络金融机构的金融服务只需要具备当地服务器,就可以将本国网络金融服务实现跨国提供。这对那些没有放宽金融服务外资准入的国家提出了阻断这种服务的要求,这也是一国外汇管理的根本前提。

中央银行应该明确规定,对网络金融机构的金融服务进行服务种类的阻断,只允许其提供符合金融分业监管的特定业务;也应对网络金融服务进行服务地域的阻断,只允许其提供覆盖本国允许对外的地域的金融服务。如有可能,应要求网络金融机构提供全球并账运作资料,而不仅仅是东道国分支机构资料,才能全面监管网络金融机构在本国和全球的金融活动。

除此之外,跨境业务涉及"洗钱"、走私、转移国有资产等问题。因此,对网络金融跨境业务的监管是与大多数国家当前的金融监管水平、外汇制度等相适应的。

8.6.1.6 对网络金融的市场准入和市场退出的监管

传统金融业是一种实行许可证制度的特殊行业,而在以金融自由化、网络化、全球化为特征的网络金融时代,金融业生存的环境将大大改变。由于网络金融降低了市场进入成本,削弱了现有传统金融机构所享有的竞争优势,扩大了竞争所能达到的广度和深度。这种相对公平的竞争可能会吸引非金融机构和高科技公司分享这片市场,提供多种金融产品和服务。解决众多的机构提供网络金融服务的市场准入问题要从准入标准、注册制度、地域界定、业务范围等方面确立起相应的准入制度。

网络信息传播速度快、范围广,使网络金融机构易受突发事件的影响,并有可能导致经营失败。网络经济的低可变成本、积累效应、先发优势等特点,使将来的网络金融市场必然是几家高流量的网站主导的市场,一些网络金融机构也不得不放弃或退出这一领域。与传统金融机构不同,网络金融机构的市场退出,不仅涉及存贷款等金融资产的损失或转移,同时多年积累的客户交易资料、消费信息、个人理财方式、定制资讯等,也面临着重新整理、分类和转移的要求。当出现意外时,极有可能面临损失。由此,对网络金融市场退出的监管也应引起格外重视。

8.6.2 网络金融监管的措施

根据上文所列出的网络金融监管六大方面的内容,各国政府在应对网络金融风险时可以采取相应的六项监管措施。

8.6.2.1 加强网络金融的政策法律建设

法律体系的真空是目前各国政府对网络金融缺乏足够管理能力的根本原因之一。互联网和电子商务已经发展多年，但世界各国至今没有制定有关互联网的完整的法律体系。尽管目前联合国国际贸易法委员会已经完成了示范电子商务法的制定工作，意在建立统一、通用的电子商务规则。但它本身并不是法律，只是作为一个示例，希望各主要国家将这样的规则纳入自己国家的法律体系中。网络金融涉及的法律总是十分复杂广泛，涵盖电子合同的法律有效性、知识产权保护、个人隐私权保护和安全保证等方面。考虑到网络金融的特点，在具体制定网络金融法律、法规时，应特别注意市场准入、电子签名合法性、交易证据问题及责任明确等方面的规则。

8.6.2.2 健全非现场监管体系

在网络金融面前，现行金融监管体系中的现场监管的效力相对弱化。网络金融服务的发展、金融交易的虚拟化使金融活动失去了时间和地域的限制，交易对象变得难以明确，交易时间和速度加快，现场检查的难度将会加大，非现场检查愈加显示出其重要作用。

非现场监管具有覆盖面宽、连续性强的特点，通过非现场监管有利于发现新问题、新情况和对现场检查的重点提出参考意见；有利于信息的收集，并对金融机构的潜在问题提出预测、预警。非现场监管的特点将使其成为网络金融环境中的一种有效的监管方式。为此，金融监管当局要逐步从现场稽核监管为主转到以现场稽核监管和非现场稽核监管相结合，并以非现场稽核监管为主的轨道上来，拓宽非现场稽核的检查面，缩短检查周期，把事后稽核监管转变为事前稽核监管，为现场监管提供预警信号。在具体措施上，需要实现金融机构的业务信息系统与监管当局监测系统的联网，使报表格式统一化和数据转换接口标准化，建立科学的监控指标体系，由计算机将大量的金融业务数据进行自动分析，综合评估金融机构内部业务发展的风险状况，以达到非现场稽核监管高效准确的目的。

8.6.2.3 严格规范网络金融的信息披露要求

由于金融机构在网络金融交易中处于主导地位，掌握金融交易的记录，消费者和客户处于一个明显的信息不对称的被动地位。同传统金融机构的信息披露相比，对网络金融的信息披露要求应当更加严格，特别要强调其信息披露的公开性。网络金融机构应及时向社会公众发布其经营活动和财务状况的有关信息，良好的信息披露制度可以促使投资者和存款人对其运作状况进行充分的了解，影响他们的投资和存款行为，发挥社会公众对网络金融机构的监督制约作用，促使其稳健经营和控制风险。总之，Internet上的虚拟金融服务需要有不断创新的信息披露方法来维持有效的信息监管。

8.6.2.4 确立权威、统一的监管主体

在网络金融条件下，金融监管主体由多主体向统一主体转变，统一进行监管也将成为一种自然的要求。由于不同类型的金融机构在开展网络金融业务方面存在相互交叉，一些业务按传统的方法很难划定其所属的业务类型。在这种情况下，多个监管主

体的模式，要么形成监管重复，要么造成监管真空，同时也将加大被监管者和社会公众的交易成本。统一的监管主体不仅可以提供一个公平一致的监管环境，使被监管者避免不同监管机构间的意见分歧和信息要求上的不一致，而且使公众在与金融机构发生纠纷时，有明确的诉求对象。在统一的监管主体下，监管客体也由仅包括金融机构，扩展到同时涵盖一些提供资讯服务的非金融机构。网络金融和电子货币的发展，使得一些非金融机构开始提供诸如支付中介、投资理财顾问等金融或准金融业务，从而使金融监管的范围随之扩大。监管的重点，由资产负债和流动性管理转向金融交易的安全性和客户信息的保护。对于网络金融业务来说，金融交易信息传输和保存的安全性、客户个人信息和财务信息的安全性，自然成为监管者应首要考虑的问题。

8.6.2.5　建立统一的金融认证中心

电子商务活动中，为保证交易、支付活动的真实可靠，需要有一种机制来验证活动中各方的真实身份。目前，最有效的方式是由权威的认证机构为参与电子商务的各方发放证书。金融认证中心是为了保证金融交易活动而设立的认证机构，其主要作用是对金融活动的个人、单位和事件进行认证，保证金融活动的安全性。

金融认证中心扮演着金融交易双方签约、履约的监督管理角色，交易双方有义务接受认证中心的监督管理。在整个网络金融服务过程中，认证机构有着不可取代的地位和作用。在网络金融交易过程中，认证机构是提供身份验证的第三方机构，它不仅要对网络金融交易双方负责，还要对整个网络金融的交易秩序负责。因此这是一个十分重要的机构。

在我国，中国人民银行已联合 13 家金融机构成立了中国金融认证中心（简称 CF-CA），并于 2000 年 4 月投入使用。到 2005 年 6 月 30 日止，CFCA 已和十余家全国性商业银行、近 20 家券商建成覆盖全国的认证服务体系，业务领域已延伸至银行、证券、税务、保险、企业集团、政府机构、电子商务平台等金融和非金融行业。关于 CFCA 更多相关知识，可以参看中国金融认证中心网站的相关内容。

8.6.2.6　加强网络金融监管的国际合作与协调

从根本上说，网络经济的实质是信息化、全球化和一体化，随着网络在世界范围内的延伸，从长远来看，各国监管当局都将面临跨国性的业务和客户，金融监管的国际性协调日益重要。它要求管理当局不仅要尽可能避免金融资产的价格扭曲，还要放松对利率、汇率的管制，更重要的是建立与国际体系中其他金融体制相适应的新规则和合乎国际标准的市场基础设施。网络经济条件下金融业务发展将全球一体化，金融监管也将走向全球一体化，未来的金融监管必须由各国通力合作才能完成。

延伸阅读：余额宝与传统银行真正竞争或许刚刚开始

中欧国际工商学院　芮萌、沈绍伟 2017-08-15

含着"金汤匙"出生的余额宝，甫一亮相就光芒四射——在 2013 年 6 月份"钱紧"的岁月里，余额宝 7 日年化收益率曾接近 7%，几乎一战成名！截至 2017 年 6 月

30 日，天弘余额宝基金规模达到了 1.43 万亿元，甚至超过了一些股份制银行 2016 年年底的个人活期和定期存款总额。

余额宝究竟是银行的大敌，会在未来取而代之？还是搅动了金融行业的一池春水，激发了金融市场的活力？在很多金融行业人士看来，其实真正的竞争才刚刚开始……

余额宝的出现推动了传统银行变革和发展

在余额宝出现之前，利率市场化的改革可以用"缓慢"二字来形容，原因就在于这样的改革会动了传统银行的奶酪，所以遭遇极大的阻力。从 1993 年提出"利率市场化"，到开始真正迈出利率市场化的一小步，花费了整整十年的时间。

2004 年，央行取消了存款利率浮动区间下限和贷款利率浮动区间上限，但这次的改革意义并不大，因为这是有利于传统银行的。说得直白一些，就是银行可以调低储户的存款利率，也可以提高借贷者的贷款利率，事实上这也是传统银行一直最想做的事情。

对于利率市场化改革的核心内容，即存款利率浮动空间上限和贷款利率浮动区间下限，又等了将近十年。2012 年，存款利率浮动区间上限调至 1.1 倍，贷款利率浮动区间下限调至 0.8 倍。

其实老百姓对此也没怎么在意，因为钱只能存在银行，各家银行的存款利率都区别不大，都很低，谁也不愿意为了赚取基准利率的 10% 浮动利率折腾半天。因此尽管政策出来了，却没有几家银行利率先往上浮动 10%。

关键的问题是，如果按照这样的速度，那么下一次利率市场化改革实际动作又不知道得等几年。可是谁都没有想到，2013 年 6 月，余额宝横空出世了……

刚一面世，余额宝的 7 日年化收益率一度接近 7%，几乎秒杀了所有银行存款利率。用刘慈欣获奖小说《三体》里流行的一句话来说，那就是三维打二维，完全不是在同一个维度里面的竞争！

老百姓似乎在一夜之间醒悟了，原来除了银行以外，还可以把钱放在余额宝，收益还是银行存款利率的好几倍——这样的诱惑力是很难抵挡得住的，于是很自然地，出现了存款"搬家"。

余额宝出现半年后，也就是 2014 年 2 月份春节过后，银行居民活期存款同比少增 6706 亿元，而以余额宝为代表的货币基金同比规模增长了近 1 万亿元。要知道，往年的这个时间点基本都是传统银行第一季度"旺季营销"揽存的大好时机。这在过去，是从来没有出现过的。

传统银行突然发现，它们最大的竞争对手不再是彼此，而是余额宝了。如果再不放开存款利率浮动区间，那么传统银行很可能只有坐以待毙了。

在这样的情况下，利率市场化的改革进程大幅加快。余额宝出现之前，利率市场化口号提了十多年，可只迈出一两小步，而到余额宝出现之后，利率市场化几乎是"大步快跑"——在余额宝出现短短的两年时间之内，就放开了一年期以上的定存上限。这样的改革进度在以前是不可想象的。

所以，余额宝的出现虽然给传统银行带来了阵痛，但是也推动了"利率市场化"改革和银行的创新和发展。从这个角度而言，余额宝就像一条鲇鱼，搅动金融行业的一池春水，让金融行业焕发出更强的生命力。

余额宝给传统银行储蓄业务带来的主要挑战有两个：其一间接提高了银行吸收存款的成本。余额宝的高收益率唤醒了老百姓的投资理财意识，他们不再被动地把钱存在银行里，从而造成银行自然储户的流失。银行为了吸引这些客户，就不得不推出理财产品，这些理财产品变相提高了银行吸收存款的成本。

其二是客户的流失，尤其是年轻客户。余额宝可以提供很多传统银行提供的金融服务，比如银行转账、还信用卡、消费支付甚至购买基金保险等金融产品，那么很多客户对余额宝形成黏度之后，就会不再使用银行的服务。未来，如果余额宝占据了客户金融服务的入口，客户在余额宝可以得到一站式的金融服务，将会加剧银行客户的流失。

余额宝与传统银行之间是否可能相互促进

从余额宝资金流向来看，2017 年一季度约 64% 的资金流向银行存款和结算备付金。既然大半的余额宝资金还是流回到了银行体系，那么是否可以认为"宝宝"类产品和银行之间会有可能互相促进呢？

这样的结果当然是最理想的状态，但在短期之内，相互促进各自业务发展的良好愿望可能还比较难实现。

虽然有 64% 的余额宝资金流向银行存款和结算备付金，但这些回流到银行的资金可不是按照普通存款客户的利息来计算的（活期利息 0.35%，一年期 1.5%），而是基本按照同业存款利率来算。其实只要简单算一下就明白了，如果按照活期利率来算，64% 余额宝资金存款利率不到 1%，那么余额宝的收益如何达到 7 日年化收益 4% 左右呢？

只需要简单对照一下上海银行同业拆借利率（Shibor）就能看出，银行需要付给余额宝的利息并不低。对于银行而言，与余额宝之间的合作就是机构和机构之间的合作。本来这些资金如果没有去余额宝，都会按照比较低的成本被银行作为存款吸收走的，相当于客户先把钱放余额宝，然后余额宝再去银行谈存款价格，银行给的利率高，余额宝收益就高，客户也能得到更多收益，然后就有更多客户会去余额宝。

当然，从中长期来看，余额宝和银行还是有相互促进和合作的机会的，那就是余额宝培养了客户的投资理财意识，而投资理财是银行个金零售业务的强项，尤其是中高端投资类客户群体还是信赖银行的。我们从余额宝个人持有最高额度下调到 10 万元就能看出来，大部分余额宝的客户是属于中低端客户群体。

余额宝唤醒了全民的理财意识，而投资理财是需要持续跟进和服务的，尤其是中高风险类的金融产品比如股票型基金，波动很大，如果没有持续的服务和跟进，那么客户的黏度就会很低，这是余额宝现在面临的最大的问题，反过来也是银行业的机会所在。

余额宝的成功得益于支付宝和淘宝网多年的积累，同时支付宝对余额宝不遗余力的补贴，也保证了良好的收益率和客户体验。

那么，余额宝的增长到底会不会有天花板呢？这要从两个角度加以分析：

其一是费用和补贴的角度。余额宝出现伊始，支付宝在 2013 年四季度对余额宝交易手续费、基金托管费、销售服务费等方面的补贴，据业内估算合计可能达到 5 亿元左右。假设这样的补贴政策不变，那么当余额宝规模接近 1 万亿元的时候，会对支付宝造成 50 亿左右的财务负担，这是不可持续的。

果然，在余额宝规模破万亿的时候，蚂蚁金服开始引入其他货币基金，对余额宝形成竞争和分流，其实背后或许也有着为了降低支付宝财务压力的考虑。

第二个角度是风险。余额宝最大的风险来自其流动性风险，期限管理和流动性安排是货币基金投资管理的核心内容。货币基金作为现金管理费工具，经常要面对大量资金的流入和流出，特别是在节日和季末等特殊时点，资金单边流动往往较为剧烈，甚至出现大型货币基金遭遇大额赎回等极端情况，引起市场恐慌。基于此，对大规模货币基金流动性管理将成为余额宝是否能够继续健康成长的关键所在。

"宝宝们"与银行业真正的竞争才刚刚开始

在经历过余额宝所带来的利率市场化和储户流失的阵痛之后，很多银行从业者突然惊喜地发现，余额宝培育了大量的投资理财类客户！

本来对于银行而言，把一个普通的储蓄客户培育成基金投资客户，需要花费大量的时间和精力，而且还需要市场行情的配合。历届监管部门的领导和很多银行行长也一直呼吁老百姓投资偏股型基金，收益并不比投资房地产低，可是客户却视而不见、充耳不闻，依旧把钱存起来。

但余额宝只用短短几年时间，就让 3 亿普通的储蓄客户接受了基金的投资品种，这是很多银行始料未及的，连余额宝自己都没有认识到它无形之中为金融业做了一件多大的好事。

余额宝把投资理财客户的蓄水池迅速扩大了。而未来，余额宝和银行的竞争就在于如何把池中的 3 亿客户继续培育引导进行资产配置。别忘了，余额宝的客户也都是银行的客户，因为储户要投资余额宝就要绑定银行卡——你投资余额宝时，银行都是知道的。

试想一下，这 3 亿的余额宝客户都是中青年投资理财客户，其风险偏好较高，而且未来增长潜力无限，哪怕这 3 亿客户中只有 30% 培育成功，那么也有将近 1 亿的客户进行资产配置，有可能为整个资产管理行业带来几千亿元的资金增量。

而到了那个时候，才是余额宝和传统银行真正竞争的开始。

余额宝花了那么大的精力和金钱，自然不甘心客户被银行挖走。可是，余额宝毕竟是金融行业的新军，在人才储备和专业能力上与传统银行业有着一定的差距，也不大可能像传统银行有那么多专职的理财经理服务客户。

也许有很多投资者已经想到了，人工智能投顾一定是余额宝未来的发展方向。但这一次出乎余额宝的意料，也让很多人跌落眼镜的是——竟然让传统银行抢先推出了智能投顾的产品……

未来在金融领域，基金经理们和人工智能量化投资的对决才刚刚开始。在人工智能的大背景下，所有的金融从业者都开始对 3 亿余额宝培育起来的投资理财客户虎视眈眈，传统银行已经开始行动，余额宝等"宝宝们"势必会极力跟上。余额宝和传统银行新一轮的真正竞争，或许才刚刚开始。

（本文由中欧国际工商学院金融与会计学教授芮萌与中欧财富管理研究中心沈绍伟联合撰写）

第 9 章　网络金融营销

9.1　网络金融产品营销

9.1.1　网络金融产品营销的内涵

网络金融产品营销是指网络金融机构以市场为导向，通过有效营销手段的组合，以可盈利的金融产品和服务满足客户的要求，实现其盈利目标的一种管理活动。

网络金融产品营销是一个动态过程，它以满足客户现实需求和潜在需求为目的。网络金融产品营销的方法主要是营销手段的组合，具体包括：网络金融产品和服务的开发、调研、信息沟通、分销、定价以及业务活动等，并使它们相互作用，以最协调的状态来满足客户的需要，从而实现网络金融企业的盈利目标。网络金融处于国民经济的枢纽地位，所以，其利益目标的定位在考虑自身盈利目标的同时，还应统筹兼顾国家和社会的长远利益。

网络金融产品营销的程序为：市场调研、营销分析、市场目标择定、组合营销策略、组织和控制营销过程。

9.1.2　网络金融产品营销分析

9.1.2.1　网络金融产品营销环境

互联网的市场营销环境和现实的市场营销环境共同构成了网络金融产品营销活动的二元环境，现实的市场营销环境分为宏观环境和微观环境，宏观环境包括经济环境、政治法律环境、人口环境、文化环境和技术环境；而微观环境包括网络金融企业的客户、社会公众和同业竞争对手等。

9.1.2.2　网络金融产品营销调研和市场预测

网络金融产品市场营销研究是指网络金融企业通过系统收集、分析有关客户需求和金融产品信息，并据此确认、界定网络金融产品营销机会，决定、改进和评估网络金融产品营销行为，控制网络金融产品营销绩效的活动。

网络金融产品市场营销研究的范围主要包括：网络金融发展趋势研究，即短期预测、长期预测、国内市场和国际市场的潜在需要量和市场占有率分析；网络金融产品研究，即新金融产品的开发研究、现有金融产品的纵深研究、同业竞争者产品的比较研究；网络金融产品价格研究、即利率分析、利润分析、利率弹性分析、需求分析和同业竞争者产品的利率分析；网络金融产品营销渠道分析，即营销渠道业绩分析、网络渠道分析、地区渠道分布分析和国际营销渠道分析；网络金融产品促销分析，即储户动机分析、媒体分析。

网络金融产品市场调研的途径可概括为：①通过利用电子邮件或来客登记簿询问访问者进行调研；②通过免费服务要求访问者注册；③对访问者提供物质奖励；④在网络金融企业站点上进行市场调研。

网络金融企业市场预测包括金融市场供求预测、金融产品供求预测和金融产品价格预测等。其中，网络金融产品价格在现实经济生活中表现为利率、有价证券价格和费用等形式。网络金融产品需求预测是指在一定时期和一定区域内，客户对某种网络金融产品的需求量。这个需求量也表现为客户群体对本网络金融产品的购买总数量。

9.1.2.3 网络金融产品的市场定位

要研究网络金融产品的市场定位，首先就需要研究网络产品的市场细分。网络金融产品市场细分是指网络金融企业把整个金融市场的客户，按一个或几个标准因素加以区分，使区分后的各客户群体带有相同的需求倾向特征的行为。网络金融市场细分的标准是指影响客户需求，并使需求产生差异性的诸因素，其主要有地理因素、人口因素和心理因素等。一个理想的网络金融细分市场可依据一个因素确定，也可以依据一组因素共同确定。

网络金融市场细分的原则：确定性，即指细分出来的网络金融市场所具有的共同特征、类似行业和明晰的市场范围等有关资料，网络金融企业根据这些资料，可将细分后的市场进行一定的评价界定；可行性，即指网络金融企业目标市场的获利性及其开发的程度；有效性，即指不同的细分市场，对银行采用不同市场策略组合所具有的不同反应程度；稳定性，网络金融市场细分必须在一定时期内保持相对稳定，以便金融企业制定较长期的市场策略。

在市场细分后，网络金融企业需要进行目标市场定位。网络金融企业进行目标市场定位的第一项工作是要对细分市场进行评价和分析，根据评价盈利潜量原则，对各个金融细分市场的规模、增长率、细分市场结构吸引力、网络金融企业经营目标以及网络金融企业所具有的资金源进行评价分析，然后确定出最适宜作为网络金融企业目标市场的细分市场。

9.1.2.4 网络金融企业产品营销战略

网络金融企业的营销战略是指网络金融企业运用科学的理论和方法，系统分析主、客观条件，在获得大量信息、掌握了市场运作规程和市场机制作用的基础上，对较长时间内重大的、带有全局性的、根本性的营销问题进行运筹和规划。

网络金融企业营销战略制定的基础包括网络金融企业的外部环境，网络金融企业的内部能力、优势和劣势，网络金融企业计划执行者的才干，社会对网络金融企业的需求和期望。网络金融企业只有在这四个基础上做出宏观分析，才能制定出适合网络金融企业的营销战略。

网络金融企业营销战略有两方面的作用，一是有助于网络金融企业实现负债和资产的优化配置管理，可使网络金融企业的营销管理达到扬长避短的目的；二是有助于网络金融企业充分利用有效的各种信息，大大提高网络金融企业决策的精确度。

9.1.3　网络金融产品的营销渠道开发

9.1.3.1　网络金融产品营销渠道的职能

网络金融产品营销渠道的基本职能是根据客户的不同需要，将金融产品进行有效组织和传送，从而转换成有意义的产品组合。

9.1.3.2　网络金融产品营销渠道的运营类型

密集型网络营销渠道策略是指网络金融企业根据自己的能力和社会基础，广泛而切实地设立分销"网点"，使其构成一个网络，提高金融产品和金融服务的销售量，从而获得较大利润。

长短型营销渠道策略是由长型渠道策略和短型营销渠道策略组合，其中短型营销渠道策略是专门针对时空距离较近、客户较为集中、对金融产品需求量大、品种繁多，并随时需要进行技术指导和便利型服务的情况而制定的。

交叉选择型营销渠道策略。交叉选择型营销渠道策略融会了密集型网络营销渠道策略和长短型营销渠道策略，并根据区域特点、科技进步程度、客户特征、金融产品和金融服务特点、网络金融企业的资金能力等具体情况，有选择地交叉使用密集型网络营销渠道策略和长短型营销渠道策略，集各种营销渠道的优势，进行营销。

专营型营销渠道策略是指网络金融企业设立专门营销的单独渠道，经营特定的金融产品和金融服务的策略。

推拉型营销渠道策略。推拉型营销渠道策略包括推型营销渠道策略和拉型营销渠道策略。其中推型营销渠道策略是指网络金融企业建立起一支专门的营销队伍、密集的网络、错落有致的长短型渠道，具有较强的资信能力，在推销新产品时适用的策略。拉型营销渠道策略是指网络金融企业利用大量的、广泛的、有影响的宣传工具和网络广告来激发客户对金融产品和金融服务的兴趣，引起客户的需求，从而扩大金融产品和金融服务的销售策略。

9.1.3.3　网络金融产品营销渠道选择

网络金融产品营销渠道的选择是网络金融产品营销活动和占领市场的内核基础，在理论上是以经济学和社会学为依据，来阐明营销活动在时间和空间上的分配；在营销上，渠道选择是以保证预期经营目标的实现为依据。在市场竞争日益激烈的条件下，网络金融企业的营销渠道选择不仅限于数量规模的选择，地点和空间的选择也十分重要。

影响网络金融产品营销渠道选择的因素包括：网络金融产品的特征，网络金融市场因素和客户特征，网络金融企业的规模、信息、科技因素，网络金融产品营销技术水平，网络金融产品现有营销渠道的可用性，政策因素，等等。总之，具体影响网络金融产品营销渠道选择的因素涉及社会发展的方方面面，它不仅涉及地理便利因素、经济发展水平、科技发展水平，还涉及金融意识、金融理念和网络意识等因素。

9.2　网络金融服务营销

网络金融服务是指金融机构借助联机网络、电脑通信和数字交互式媒体为客户提供的金融服务。以 Internet 为基础的网络金融的发展正在对传统金融服务业产生巨大的冲击与影响，同时使金融服务市场发生着革命性变化，金融服务开始进入借助联机网络、电脑通信和数字交互式媒体来实现营销目标的网络营销时代。

9.2.1　网络金融服务营销的要素特征

9.2.1.1　瞄准能力

金融企业营销者在购买前识别顾客的能力称为瞄准能力。许多网站鼓励访问者注册，以使网站的使用率增大，或者是要求访问者进入获得区；有些网站甚至要求访问者注册。注册表格一般询问一些基本信息，如姓名、电子信箱地址和职业等，从这些表格中，营销者能够形成用户轮廓，进而强化营销活动。营销人员还通过调查更深入地了解进入他们网站的人们的情况，并提供奖金鼓励参与。

瞄准能力代表着营销概念的最终表达。通过网络，营销人员获得了单个顾客的情况，它们能够将营销组合更准确地瞄准兴趣较窄的顾客。瞄准能力也容易跟踪网站访问者和在线购买活动，这使营销人员容易积累单个顾客的数据，强化将来的营销努力。例如，亚马逊储存了顾客购买的数据，并利用这些信息在顾客下次访问网站时进行产品推荐。

9.2.1.2　交互性

网络金融营销的另一个显著的特征是交互性。它使顾客直接向公司表达他们的需求和愿望，经此作为对公司的营销沟通的反应。这意味着营销人员能够与潜在的顾客进行实时（或近乎实时）的交互活动。当然，销售人员一直在做这件事，但成本却高得多。网络具有营销代表在场的优势，但其覆盖面更大，成本更低。

交互性意味着一家金融企业的顾客也可以与其他顾客（和非顾客）进行沟通。因此，营销人员和他们的顾客拥有的信息在数量和种类上都与过去不同。通过提供信息、概念和其他顾客沟通的环境，营销人员可以强化个人的兴趣以及介入其产品的程度。交互性使营销人员利用社区（Community）的概念帮助顾客从金融企业的服务和网站上获得价值。

9.2.1.3　记忆

记忆是指金融企业利用包含单个顾客特征和购买历史的数据库或数据仓库的能力，以及利用这些数据实时定制对一个具体顾客的营销方式。尽管金融企业拥有数据已经多年，但直到最近，数据库中的信息才能被营销人员所获取。目前的软件技术使营销人员能识别和储存具体的顾客信息，以此来定制他们的服务能力，为这位顾客提供价值。把记忆应用到大量的顾客表明金融企业的一种巨大优势，利用它在顾客每次访问网站时可以掌握更多有关单个顾客的情况。

9.2.1.4　控制

在网络金融营销过程中，"控制"一词的含义是顾客有能力调整他们看到的信息，以及他们看到这些信息的速度和顺序。网络有时被认为是"拉动"媒体，因为用户决定他们在网站上看到的内容；网络金融经营者控制用户看到的内容和顺序的能力受到限制。相反，电视可以被看作是"推动"媒体，因为在观众选定一个特定的频道后，是播放者决定观众看到的内容。电视和广播提供了"有限的内容控制"（除非改换频道才能改变内容）。有了 Internet，顾客控制的程度加大，因为他们只是轻轻一点就能到一个网站。对于网络金融营销者来说，控制的主要含义是吸引、留住顾客的注意力。因此营销者必须努力工作，迅速地创建自己的网站，否则，用户将失去兴趣，从而转向其他网站。

9.2.1.5　获得能力

互联网络存在大量的信息，获得这些信息的能力被称为获得能力。由于顾客能够获得金融服务产品方面的深层次信息，因此他们更加了解金融企业的服务和与以往相比的价值。获得能力极大地增加了对互联网用户注意力的竞争。如果没有特色鲜明的促销，那么要吸引一位访问者注意一个具体的网站会越来越难。因此，网络金融营销应更加主动和不断创新。获得能力的另一个含义是，可识别的品牌名称将成为更加重要的竞争武器。消费者无法评价他们在网站上碰到的不断增加的、大量的、不知名的品牌的质量，因此，他们为了保证质量，会更加愿意选择熟悉的或可识别的品牌。所以，越来越多的金融企业正在努力在网络消费者中构建品牌识别。例如，万事达国际公司已把注意力从推销信用卡转移到为网络购物者提供安全和服务。

9.2.1.6　数字化

数字化是指用数字信息提供一种金融服务产品或者至少是一种服务的一部分利益。数字化意味着金融企业在利用互联网时，除了可以提高分销效率外，还可以使一个金融服务产品中可数字化的部分的特征和服务结合更加迅速，而且费用很低。事实表明，金融服务产品中的数字特征容易组合，并可与单个顾客的需求相适应。

9.2.2　网络金融服务的营销模式

9.2.2.1　注意力经济导向的营销模式

眼球，就是注意力。"注意力经济"这一概念是由美国迈克·戈德海伯在 1997 年的一篇著名论文《注意力购买者》（Attention Shoppers）中首先提出来的。在以网络为基础的虚拟空间和数字化经济中，对消息的注意力日益成为一种重要的商业资源，所以，面对浩如烟海的消息，网络金融企业如何做到"万绿丛中一点红"，如何捕捉消费者的注意力进而培养对自己的忠诚度，这种稀缺资源已成为事关网络金融营销成败的关键。

当然，注意力经济强调的眼球是一种远期的资产，要想使之变成现实的购买力，仍需要取得客户长期的、足够的信任并提供良好的金融服务，否则，它只能是海市蜃楼，可望而不可即，就像不久前中国"网络精英"们玩的那套"空手套白狼"的烧钱、炒概念和免费大餐的把戏一样，到头来，反倒将自己悬吊在空中，甚感赢利后劲的不足。

注意力营销的中心点有 4 个：点击率、注册会员、合作伙伴、广告收入。整个营销策划工作均是围绕着这 4 个基本点展开的。它的可取之处在于：它将消费者推到至高无上的地位，并期望通过极个性化的资料库的建立，以互动的方式，将千百万消费者的需求汇聚成一个注意力以后，利用这种得天独厚的消费者资源，进行各种各样的营销策划；重视企业未来预期的判断和企业现实价值的高估；在线营销与离线营销紧密配合等。

但是，注意力营销很容易让人将它与浮躁、急功近利联系起来，这种营销模式倘若不与脚踏实地做网站、按企业规律办事挂钩，若不严格按营销规则进行操作，效果颇令人怀疑。注意力营销本身是一项非常独特的营销创意，大大丰富了现代营销的理论与实践。只是，它在网络金融营销中不应占据主流地位。品牌忠诚度营销才是网络金融营销的希望所在。

9.2.2.2 信息中介的营销模式

中介有很多种，如物流中介、交易履约保证中介等，但更多的是信息中介。在互联网改造传统产业的同时，各种传统形式的信息中介也将被互联网所改造。一部分信息中介将消失，一部分将继续存在，同时还会出现许多在网络环境下应运而生的新中介形式。新中介不仅发挥着直接沟通信息的作用，更重要的是它对信息的整合。这些发挥信息中介作用的公司将作为消费者信息的监管人、代理人和经纪人，提供一系列中介和有针对性的营销服务，而且，在服务多样化和服务高质化的环境中，信息中介将降低寻找具有最佳性能价格比服务的交互成本，并成为 Internet 以及总体信息技术蓬勃发展的催化剂。忽略这种趋势的网络金融企业将使自己处于危险境地。

信息中介的营销模式主要包括：

（1）关系营销：根据客户的要求判断市场需求代寻买家。

（2）营销顾问：帮助客户根据具体的标准进行有针对性的搜索，确定符合条件的消费者数量，然后将通过预测设计出来的金融服务推向市场；其中包括市场调研、市场预测等。

（3）信息服务：包括信息订阅、高价值信息分销、特定信息供应服务、为客户提供信息咨询。

（4）支持营销：以提供服务平台为中心的后勤、数据处理和通信网络等基础设施的支持业务。

9.2.2.3 互动营销模式

网络金融营销区别于传统营销的最显著的特点是网络的互动性。金融企业可以随时随地与客户互动式地进行交易，而客户也可以以一种新的方式与金融企业互动交流。这种交流是双方的，而非单向的。

目前，利用 Internet 这种新型媒介进行的互动营销，已经展现出其突破传统营销方式的潜力。为了更好地实行网络金融营销，金融企业要能够掌握互动式营销的两个要点。利用互动媒介进行营销的首要特点，就是传递信息的花费远比传统营销方式低廉得多。这也是互动式营销吸引众多金融企业蜂拥而上的一大优点，这对于着重提供大量信息、需要大量营销人员的金融企业来说，互动媒介无疑是威力强大而又经济的工具。

消费者是否有主动查询信息的动机，将是互动式能否有效发挥其潜力的关键性因素。在消费者搜寻信息动机强烈的市场中，互动式媒介是强有力的营销工具，其力量超过传统网点等传统营销方式。如果金融企业能够通过互动式媒介提供图文并茂的充足信息，将挑起消费者购买的欲望。但对于消费者寻找信息动机低落，或是消费者需要不断被提醒才会采取购买行动的金融服务，互动式媒介便没有什么影响力了。

网络金融互动式营销是消费者主动找寻信息，因此金融企业必须在消费者选购或是搜寻信息前就建立品牌形象，才有机会将信息传递给消费者。在多种媒体并行，各有其特色和优势的情况下，借助于电视及其他媒介预先建立起品牌形象，不失为一个好办法。而当品牌形象一旦树立起来，消费者愿意主动了解金融服务特色时，互动式销售便可利用其低廉的价格，提供详尽的资料，充分发挥它的功能。

在网络金融互动式营销中，当消费者提出信息需求时，金融企业应能够做出即时反馈，而网络技术也使这点成为可能，如自动邮件反馈系统。另外，在消费者阅读了金融企业的在线信息后，也必须为他们提供反馈信息的方式，以便与之建立联系。

9.2.2.4　"4C"营销模式

网络金融营销需要企业同时考虑消费者需求和企业利润。以舒尔兹教授为首的一批营销学者从消费者需求的角度出发研究市场营销理论，提出了 4C[①] 组合。也就是说，企业关于 4P[②] 的每一个决策都应该给消费者带来价值，否则这个决策即使能达到利润最大化的目的也没有任何用处，因为消费者在有很多商品选择余地的情况下，不会选择对自己没有价值或价值很小的商品。但反过来讲，企业如果从 4P 对应的 4C 出发（而不是从利润最大化出发），在此前提下寻找能实现企业利润的最大化的营销决策，则可能同时达到利润最大和满足消费者需求两个目标。

在网络金融营销中，金融企业和消费者之间的关系就变得非常紧密，甚至牢不可

---

① 4C 营销理论（The Marketing Theory of 4Cs），是由美国营销专家劳特朋教授（R. F. Lauterborn，1993）在 1990 年提出的，与传统营销的 4P 相对应的 4C 理论。它以消费者需求为导向，重新设定了市场营销组合的四个基本要素：即消费者（Customer）、成本（Cost）、便利（Convenience）和沟通（Communication）。它强调企业首先应该把追求顾客满意放在第一位，其次是努力降低顾客的购买成本，然后要充分注意到顾客购买过程中的便利性，而不是从企业的角度来决定销售渠道策略，最后还应以消费者为中心实施有效的营销沟通。

② 4P 是营销学名词，美国营销学者麦卡锡教授在 20 世纪的 60 年代提出：产品（product）、价格（price）、渠道（place）、促销（promotion）的市场营销组合观念，四个单词的首字母组合成 4p。4p 理论是营销策略的基础。

破，这就形成了"一对一"的营销关系，它始终体现了以消费者为出发点及企业和消费者不断交互的特点，它的决策过程是一个双向过程。

9.2.2.5 数据库营销方式

在新世纪，企业面对的不再是大众市场，而是有个性的消费者。在网络金融时代，结合数据库及网络及时互动的特征，企业就可以针对个别的消费者，展开一对一营销。

应该看到，如今的顾客更加重视关怀，失去顾客不但是服务质量的问题，更是顾客对服务不满的反映。提供优良的服务，建立起顾客对金融企业的忠诚，就需要把消费者的价值观念贯穿于金融服务的整个经营过程中，使金融企业的各个部门高度地整合起来，以顾客为中心开展工作；此外，消费者的需求、价值观念又会在与市场环境的互动中不断地改变着，而且这种变化的频率越来越高。很显然，传统的单向沟通的营销方式已经力不从心，需要新的双向沟通的营销方式取而代之，建立起顾客与企业间的长期稳定的互动关系。好在信息技术的发展为这种双向沟通的方式提供了强有力的支持，信息共享使金融企业、顾客及各种环境因素融为一体，从而使能够与顾客对话的数据库营销应时而生。

数据库营销是建立在直复营销和关系营销基础上，充分体现全面质量管理原则，并借助于信息技术发展而日益强大起来的营销方式。

（1）数据库营销将市场影响因素进行抽象的量化，经过系统的统计分析，准确进行市场的细分、定位，实施创造性、个性化的营销策略。由于数据库能够不断更新、不断改造，及时反映市场的变化，因此它是金融企业掌握市场的重要途径。

（2）数据库营销可以与消费者进行高效的、可衡量的、双向的沟通，真正实现消费者对营销的指导作用。

（3）数据库营销通过与顾客保持持久的甚至是终身的关系来保持和提升企业的短期和长期利润。

（4）数据库营销通过数据库与顾客的直接对话，依据顾客的价值观建立起更具特色、更加个性化的品牌，把品牌管理变成"企业—顾客共同体"管理，使品牌更加具有生命力。

（5）数据库营销通过创造力、判断力、直觉、团队精神和洞察力，形成一种"亲密感"，从而创造出一个系统性的、整合的营销体系。

总之，数据库营销是技术与文化的交融，是过程与目标的结合，是消费者与企业的联姻，它在网络金融营销中将是一个被高度整合的营销。

延伸阅读：央行约谈蚂蚁金服提三要求 宣传禁用"无现金"字眼

证券时报　孙璐璐　裴晨汐　2017 年 08 月 10 日

随着越来越多的商户拒收现金，以及微信和支付宝两大巨头近日推出规模空间的无现金营销活动，将无现金支付的争议推上了风口浪尖。与此同时，市场也在关注央行的态度。

证券时报记者从一央行内部人士处了解到，近日，央行总行对各分支行下发通知称，最近一些地区推进的无现金支付方式或与蚂蚁金服等合作创建无现金城市等活动，其中一些宣传主题和做法干扰了人民币流通，社会反响较大，对社会公众产生较大误解。央行要求各地抓紧行动，依法对不合适的提法、做法进行纠正和引导。

"央行武汉分行此前对辖内无现金城市周活动的及时纠正，得到了总行领导的认可，所以央行总行要求各分支行参照武汉分行的做法，加强对辖内无现金支付方式的指导。"上述央行内部人士称。

不过，截至记者发稿前，央行尚未就相关内容做出正式回应。

向蚂蚁金服提三点要求

今年年初，支付宝曾提出将推动我国在未来 5 年内进入"无现金社会"。8 月 1 日至 8 日，支付宝宣布多个城市举办"无现金城市周"大规模营销活动；同时，微信支付也宣布开启"8·8 无现金日"活动。为鼓励消费者在线下消费时使用移动支付，支付宝和微信支付都投入巨资，以鼓励金、代金券和返现红包等形式，引导消费者加大对无现金支付手段的选择。

就在两大互联网巨头高调宣布推广无现金支付活动的同时，央行也在密切关注并跟踪事态的发展。据了解，央行副行长范一飞在 7 月 24 日至 25 日召开的央行 2017 年分支行行长座谈会上就明确提出，"对社会上片面强调非现金支付的行为，要加强宣传引导和规范"。

随后，有部分分支行便针对辖内商户拒收人民币行为采取措施。根据媒体报道，珠海一家面馆因只接受手机支付而"谢绝现金"，被央行珠海支行认定为"拒收人民币"的违法行为。央行珠海支行方面表示，"谢绝现金"的做法属于拒收人民币情形，是一种违法行为。消费后用任何一种电子方式支付都是可以的，但不可以拒绝现金支付，目前各种电子支付方式对现金使用有较大冲击，该面馆现象为新生现象，尚未有具体的法规进行惩处。

证券时报记者从上述央行内部人士处获悉，7 月底，央行武汉分行约谈蚂蚁金服公关部负责人，告知人民币管理相关法律制度，明确提出三点要求：一是在"无现金城市周"活动中去掉"无现金"字眼；二是撤掉所有含有"无现金"字眼的宣传标语；三是公开告知参与商户不得拒收人民币现金、尊重消费者支付手段的选择权。

此外，为了得到其他政府部门的配合，央行武汉分行还致函武汉市政府，提请政府部门在宣传"无现金城市周"活动中慎言"无现金城市"，协调当地工商部门对以"无现金城市"名义拒收人民币现金的经营行为进行管理或处置，确保人民币在武汉正常流通。

蚂蚁金服低调改变

央行的约谈和舆论的压力对蚂蚁金服产生了影响。记者发现，8 月以来，蚂蚁金服低调地将"无现金周"的说法改为了移动支付"黄金周"。8 月 1 日到 8 日，支付宝打造了一场覆盖范围空前的移动支付普及活动，并对使用支付宝线下消费的商家进行奖励。

与此同时，阿里巴巴旗下的线下生鲜超市盒马鲜生也对曾经自己提出的"不收人民币现金"的规定作出调整。阿里巴巴新零售公关负责人对证券时报记者表示，为了更加便利老年群体消费，继上海 10 家门店专设现金代付通道后，目前北京的两家实体店也启动了现金代付通道。

"移动支付提供了现金之外的一个补充，不论是老年人还是三四五线城市，不论是商业消费还是交通出行，人们拥抱移动支付的速度在不断加快。"支付宝方面表示。此外，支付宝方面还表示，因为现金依旧是最基础、通用的消费方式，支付宝也鼓励合作商家为使用现金的消费者提供同样的便利。

不过，从概念本身看，"无现金"这样的提法确实存在不严谨和不科学的地方。中国人民大学重阳金融研究院客座研究员董希淼近日撰文表示，强调"无现金"，不但已经出现拒绝现金的行为，也容易让普通老百姓误以为现金会消失了。以是否使用现金为标准，通常可将支付分为现金支付和非现金支付。因此，下一步应该少用或不用"无现金"字眼，改用"非现金"支付。

配套制度亟待与时俱进

业内人士认为，舆论持续针对商户拒收人民币现金究竟是否合法进行热议，背后实则反映的是制度落后于现实发展的尴尬。

一位研究央行政策的资深分析人士表示，按照《银行法》以及《人民币管理条例》，我国的法定货币就是特指人民币纸币和硬币。通过微信和支付宝支付，实际是用人民币存款来支付。而存款是一种金融工具，虽然作为货币来统计，但是本身并不是法定货币。

市场上也有不同的声音称，2000 年出台的《人民币管理条例》中的部分规定已经落后于现实发展，目前人民币作为货币的定义范畴，已远远超过纸币和硬币等现钞的概念，电子货币也应算是广义现金的一种形式。

"目前监管部门内部对推广非现金支付，甚至是一些商家拒收现金的行为，也未达到统一共识，毕竟原有的人民币管理的相关制度条例已经落后于现实，有争议也很正常。目前来看，在加强对支付机构监管和窗口指导，以及尊重市场发展方面，监管部门还是平衡得比较好。"一位接近央行的人士称。

实际上，截至目前，央行仍未就非现金支付的争议公开做出法律意义上的解释和官方说明。即便最近连续有媒体援引央行有关人士的说法或观点，但这些观点尚未得到央行官方确认。

董希淼称，在我国，未来很长一段时间内，多种支付结算方式将继续共同存在。因此，在非现金支付体系建设过程中，一方面要肯定非现金支付的意义，加强支付结算知识普及，加强对各类支付结算方式的宣传推广，让更多公众了解各种非现金支付结算方式的特点；另一方面，要充分尊重公众支付结算习惯，包括使用现金支付的习惯，由公众自主选择适合自己的支付结算方式。

参考文献

［1］张铭洪，张丽芳. 网络金融学［M］. 北京：科学出版社，2010.

［2］岳意定，吴庆田，李明清. 网络金融［M］. 南京：东南大学出版社，2010.

［3］胡玫艳. 网络金融学［M］. 北京：对外经济贸易大学出版社，2008.

［4］张进，姚志国. 网络金融学［M］. 北京：北京大学出版社，2002.

［5］王维安，张建国，马敏. 网络金融［M］. 北京：高等教育出版社，2002.

［6］张劲松. 网络金融［M］. 北京：机械工业出版社，2014.

［7］严黎昀，崔惠贤，杨绪彪. 网络金融教程［M］. 上海：上海人民出版社，2003.

［8］尚永庆，周晓志. 网络金融与应用［M］. 西安：西安电子科技大学出版社，2009.

［9］乔玉梅. 互联网金融发展与风险管控研究［J］. 区域经济研究，2014（3）：5－3.

［10］许荣. 互联网金融的潜在风险研究［J］. 时代金融，2014（6）：13－16.

［11］闫真宇. 关于当前互联网金融风险的若干思考［J］. 经济研究，2014（30）：21－25.

［12］杨群华. 我国互联网金融的特殊风险及防范研究［J］. 银行家，2014（5）：14－16.

［13］宏皓. 互联网金融的风险与监管［J］. 武汉金融，2014（11）：19－22.

［14］黄莉萍. 互联网金融的风险特点及监管建议［J］. 经济研究，2014（16）：15－18.

［15］罗明雄，唐颖，刘勇. 互联网金融［M］. 北京：中国财政经济出版社，2013.

［16］芮晓武，刘烈宏. 中国互联网金融发展报告［M］. 北京：社会科学文献出版社，2013.

［17］陈勇. 中国互联网金融研究报告［M］. 北京：中国经济出版社，2015.